慈善筹款伦理实践研究

叶盈　主编

广西师范大学出版社
·桂林·

图书在版编目（CIP）数据

慈善筹款伦理实践研究／叶盈主编. —桂林：广西
师范大学出版社，2024.5
ISBN 978 - 7 - 5598 - 6787 - 2

Ⅰ. ①慈… Ⅱ. ①叶… Ⅲ. ①慈善事业－集资－
研究 Ⅳ. ①C913.7

中国国家版本馆 CIP 数据核字（2024）第 029016 号

慈善筹款伦理实践研究
CISHAN CHOUKUAN LUNLI SHIJIAN YANJIU

出 品 人：刘广汉
责任编辑：吕解颐
装帧设计：李婷婷
广西师范大学出版社出版发行

（广西桂林市五里店路9号　　　邮政编码：541004）
（网址：http://www.bbtpress.com　　　　　　　　　）
出版人：黄轩庄
全国新华书店经销
销售热线：021 - 65200318　021 - 31260822 - 898
山东韵杰文化科技有限公司印刷
（山东省淄博市桓台县桓台大道西首　邮政编码：256401）
开本：890 mm×1 240 mm　1/32
印张：7.75　　　　　　字数：166 千
2024 年 5 月第 1 版　　2024 年 5 月第 1 次印刷
定价：58.00 元

如发现印装质量问题，影响阅读，请与出版社发行部门联系调换。

南都公益基金会成立于2007年5月，是民政部批准成立的全国性非公募基金会。南都公益基金会始终坚持"支持民间公益"的使命，积极建设公益行业生态，致力于为中国公益行业发展提供公共品。在整个公益产业链中，南都公益基金会通过提供资金和资源，推动优秀公益项目和公益慈善组织发展，带动民间的社会创新。

浙江敦和慈善基金会（简称"敦和基金会"）成立于2012年5月，是一家资助型基金会，2019年被浙江省民政厅评为"5A级社会组织"，2021年被民政部授予"全国先进社会组织"称号。

敦和基金会以"弘扬中华文化 促进人类和谐"为使命，秉持"尊道贵德"的价值观，支持并创办大学与教育研究平台，促进中华文化的返本型研究，关注城乡弱势群体与教育均衡发展等民生问题，助力实现共同富裕，同时在推动公益慈善行业研究、人才培养、资助评估等系统化建设方面做出自己的贡献。

方德瑞信
Fundraising Center

上海静安区方德瑞信社会公益创新发展中心（简称"静安区方德瑞信"）于 2017 年 9 月在上海静安区注册为慈善组织，旨在打造中国公益筹款行业的培育平台，致力于通过提供高质量的知识生产内容、降低知识获取与流动门槛与革新能力建设模式等方式推动中国公益慈善筹款专业化发展、倡导与培育健康的捐赠文化。主要服务对象涵盖政府、互联网筹款平台、公募基金会、企业基金会、大中小型民间机构与行业平台。

北京七悦社会
公益服务中心
Beijing Qiyue Center for Philanthropy

北京七悦社会公益服务中心（简称"七悦"）是由北京师范大学社会公益研究中心发起，2013 年在北京市民政局登记注册的社会服务机构，连续两次被评为"5A 级社会组织"，致力于通过提供专业的研究、评估、咨询和培训服务，促进公益领域的发展。

编委会成员简介

叶　盈：上海静安区方德瑞信社会公益创新发展中心创始人，历任负责人、理事、副理事长。

卢玮静：中国矿业大学（北京）文法学院副教授、北京七悦社会公益服务中心主任。

黄晓芸：上海静安区方德瑞信社会公益创新发展中心副主任。

马　莎：北京师范大学政府管理学院博士生、北京七悦社会公益服务中心研究人员，主要研究方向为互联网公益与筹款、社会组织与社会治理等。

孙闻健：北京七悦社会公益服务中心研究人员，主要研究方向为基金会治理与公益项目评估、公益筹款与捐赠人服务。

孟　甜：北京七悦社会公益服务中心研究人员，主要研究方向为互联网筹款。

《慈善筹款伦理实践研究》是静安区方德瑞信发起的筹款伦理倡导项目的成果，本书的编撰与出版得到了南都公益基金会、浙江敦和慈善基金会的资金支持，以及北京七悦社会公益服务中心和审稿专家组的智力支持。本书是各位公益同人共创的结果，未来也将继续保持开放的动态更新，欢迎各位同行的参与和支持！

前　言

　　如果要给公益慈善筹款（以下简称"筹款"）下定义，比较通行的描述是"以慈善为目的创造收入的行为"①。值得澄清的是，公益慈善筹款对应的是捐赠收入，但并不是公益慈善组织的全部收入来源。不论国内还是国外，许多服务型公益慈善组织的收入来源都比较多元，有捐赠收入，有服务收入（受益人付费），有政府购买服务，有保值增值的投资收益，有企业或者基金会的委托服务，也有一些实物产品或者衍生品的销售收入。

　　我们在本书中讨论的筹款行为，是指动员理事会捐赠，拓展企业的捐赠或资助，争取基金会的捐赠或资助，培育并获得更多的个人大额或小额捐赠等筹措捐赠收入的行为。

---

　　①　［英］阿德里安·萨金特、尚悦：《慈善筹款原理与实践》，孔德洁、顾昊哲、叶盈译，广西师范大学出版社，2021年，第31页。

　　虽然筹款得来的捐赠收入并不一定属于所有类型的公益慈善组织的核心收入来源，但筹款工作对于每一个公益慈善组织而言都意义重大。首先，筹款不仅是公益慈善组织的资金来源，更是公益慈善组织实现社会价值的一个纽带。在筹款活动中，公益慈善组织通过不断讲述使命与社会价值，得以更紧密地联结捐赠主体、受益主体和社会公众。为了获得更多的社会支持，公益慈善组织需要更清晰地描述自己的使命，更好地践行使命以回应社会问题，更严格地恪守公益慈善伦理以提升社会公信力。其次，就收入来源的意义而言，捐赠是公益机构不同于商业机构的特有收入来源，对公益慈善组织的发展具有不可替代的价值。捐赠是公益慈善组织重要的资金来源，能够帮助公益慈善组织有资源践行机构使命、尽可能避免组织为了维持自我生存而跌入追逐盈利的陷阱。其中，最为重要的捐赠资金类型是非限定性捐赠收入。非限定性捐赠收入能够支持公益慈善组织为没有付费能力的弱势群体研发新的服务产品，帮助公益慈善组织拓展新的筹款方式、资金来源，培养团队员工，提升组织可持续发展的能力等。因此，筹款是公益慈善组织非常重要的工作。

　　虽然筹款很重要，但是公益慈善筹款作为一门学科还很年轻。根据历史学家的考证，由系统化的筹款活动所支持的有组织的慈善运作是 20 世纪才出现的现象。① 第一次世界大战给人类造成的惨重损失催生了大量的社会救助需求，刺激了慈善行业包括

---

　　① ［英］阿德里安·萨金特、尚悦：《慈善筹款原理与实践》，第 22 页。

筹款工作的专业化与职业化发展。1935 年，美国出现了全国性的筹款行业协会。1974 年，第一家筹款学院在旧金山出现，该学院在 1987 年并入印第安纳大学，成为礼来家族慈善学院的一部分。印第安纳大学礼来家族慈善学院在 1993 年获批慈善硕士学位，成为全球第一个设有慈善学学位的学院。

目前在英美，筹款行业已发展成熟并出现更细分的专业领域，筹款人会专攻一些特定的细分筹款形式（比如年度捐款基金或计划性捐款）或特定的筹款媒介（如直邮筹款或面对面筹款等）；国际注册筹款人职业认证体系（Certified Fund Raising Executive，简称 CFRE）的资格证书成为英美筹款行业通行的"上岗证"；而在中国，2022 年 8 月 3 日，人力资源和社会保障部办公厅、民政部办公厅正式颁布施行劝募员国家职业技能标准，标志着中国公益慈善筹款的职业化开启了新篇章。

公益慈善筹款人作为国际慈善行业的常见职业，除了掌握特定技术和策略的使用外，还须遵循专业的筹款伦理准则。这是筹款人与市场营销、公关行业从业人员的核心区别，也是劝募员职业的必备条件。英美的筹款人协会为自己的会员制定了详细的职业伦理准则。国际注册筹款人职业认证体系与中国劝募员国家职业技能标准都将筹款伦理视为重要的考核维度。

我们经常会碰到一种观点，认为公益慈善组织只要遵守法律法规就可以了。合法合规只是底线中的底线，筹款伦理标准一定是高于法律的。筹款伦理不仅仅要求从业人员遵守基本的合法合规的法律底线，也要求从业人员遵守基本的职业道德，并且倡导从业人员追求卓越——用高标准来严格要求自己。

筹款伦理的核心意义在于保护公众对公益慈善筹款事业的信任，而人们对于公益慈善组织天然有着高于合法合规的道德层面的期待。如果以 2008 年为中国民间公益元年，在中国，现代的民间公益慈善事业的发展还不到 20 年。目前中国公众捐赠意识还处于一个传统且朴素的阶段，比起熟人救济与向个人捐助，捐赠支持公益慈善组织的理念尚未深入人心，这是我国整个公益慈善筹款市场的基本底色。想要提高公信力，让更多人建立给公益慈善组织捐赠的信心，公益慈善组织仅仅做到合法合规是不够的。我们首先要有保持高道德标准的决心，并践行这些标准。我们要明确告诉社会公众，告诉我们的捐赠人和潜在的捐赠人，我们有守护高道德标准的决心和实际行动。只有这样，我们才有可能建立并保护社会公众对公益慈善组织的信心，让他们逐步深入了解公益慈善组织的专业价值，进而培育出健康的、理性的捐赠文化。

本书就是为此而生的。我们希望通过抛砖引玉，为正在迈向职业化与专业化进程中的筹款人，提供一套可行的行为准则与贴合现实工作场景的常见问题的应对之法。

当然，我们深知书中内容并不是一套完美攻略。虽然伦理学可以为我们指明道路，但是它并不能给我们提供百分之百正确的答案。伦理学的存在并不是让我们抄作业用的，它的意义在于帮助我们思考对错与好坏。因此，本书不可能完全覆盖千变万化的实操困境，也可能很难对复杂的两难困境给出一个简洁明了的答案。但我们仍然衷心希望本书提供的框架与方向，能够帮助每一位追求卓越的筹款人找到值得自己倾注青春与热血追寻的道路。

由于我们的水平和时间有限，书中定有不少疏漏或错误之处，敬请大家谅解并指正。欢迎各位同行参与筹款伦理倡导的行动，同时，期待大家能够随时与我们联系沟通。我们的工作邮箱 service@cafpnet.org 将常年接受意见反馈与案例投稿。

让我们面对现实，忠于理想，尊重常识，保持思考。与诸君共勉。

叶　盈

2022 年 9 月 10 日

目　录

第一章　缘起与发展历程

第一节　研究背景与目的

　　静安区方德瑞信在 2017 年发布的《2015—2016 年度中国第三方线上平台公众公益参与方式研究报告》中指出，中国公益慈善领域正在经历着快速发展和多元社会资源的冲击融合，面对商业资本的入局和互联网公益的兴起，中国公益慈善行业尚未做好价值观与伦理建设的准备。以筹款额多少论英雄、漠视筹款伦理和准则等的现象，有愈演愈烈之势。这对公益慈善行业筹款伦理共识的建立与职业标准的规范化提出了迫切的要求。

一、什么是筹款伦理?

　　公益慈善行业的筹款伦理是指筹款人在日常工作时所需要和

被期望遵守的职业伦理道德。与其他行业的职业伦理道德一样，筹款伦理对职业筹款人行为的要求，也是基于相关的法律规定并高于相关法律对其的要求。

二、谁应该遵守筹款伦理？

筹款伦理行为准则不是只针对非营利组织，而是面向筹款行业中的所有筹款主体，包括商业组织（如筹款公司、筹款咨询公司）、全职独立筹款人、非营利组织雇用的筹款工作人员，以及组织招募的筹款志愿者等。

三、项目缘起

筹款伦理在国际上的发展已有近 80 年的历史。推动筹款伦理发展的主体，是以美国筹款人协会（Association of Fundraising Professionals，简称 AFP）与英国筹款人协会（Chartered Institution of Fundraising，简称 CIoF）① 为代表的筹款行业组织。

2006 年 10 月，历经 3 年的讨论，在第四届国际筹款峰会（International Fundraising Summit）上，参会的 24 个国家及地区的筹款行业协会代表全票通过了第一部由全球 30 多个国家及地区的筹款人协会一同编纂的《国际筹款伦理准则》（International

---

① 原名 Institute of Fundraising，简称 IoF，此处采用其最新名称。

Statement of Ethical Principles in Fundraising），并在其中主张不同地区的筹款人继续遵守他们当地关于筹款伦理的要求，而准则本身仅关注于全球筹款人应共同遵守的基本准则和价值观。

在国内，伴随着互联网技术革新浪潮的兴起，互联网筹款的巨大能量正在颠覆传统公益慈善项目的设计逻辑，革新公众筹款市场格局，重置公益慈善行业内的话语权。这使得中国的公益慈善筹款正快速形成一种独特的模式，互联网筹款已成为中国公益慈善事业的一张名片。

但是，以商业互联网平台为代表的资本与技术力量，在推进公益慈善筹款行业急速发展的同时，也为整个公益慈善行业带来了全新挑战。

在中国的普罗大众尚未熟悉公益慈善组织的运作方式与专业价值的背景下，原属于个人求助范畴的"罗尔事件"以及"同一天生日"等负面热点事件，都对本就脆弱的公益慈善行业公信力造成了冲击。而业内各种"热闹"的表象之下，潜藏着"套捐""拆捐"等为追逐筹款额而漠视社会信任资本消耗的种种短视行为。

在此局面下，建设公益慈善行业的筹款伦理准则、增强行业公信力、保护社会对捐赠行为的信心的需求就变得更加迫切。因此，我们开始思考如何基于国际经验并结合中国国情开展筹款伦理倡导工作，如何向公益慈善行业的筹款主体提供一个共享的标准与行为框架，并以此推动行业逐步形成对于筹款伦理的共识。

四、项目立项与开展过程

2016 年，静安区方德瑞信的前身"公益筹款人联盟项目组"加入了《国际筹款伦理准则》的倡议组织，并面向中国公益慈善行业发布了第一份筹款伦理倡议。

2018 年，在南都公益基金会与浙江敦和慈善基金会的资助下，静安区方德瑞信联合北京七悦社会公益服务中心在全球各地筹款人协会编纂的 2006 年与 2018 年两个版本的《国际筹款伦理准则》基础上，形成了中国本土的《中国公益慈善筹款伦理行为准则（征求意见稿）》。

考虑到公益慈善筹款各类主体（以下简称"筹款方"）在实践中经常会面临各种伦理难题的挑战和矛盾，难以仅仅通过准则条款得到准确的参考指引，为了不让这些准则条款仅停留在一纸倡议的层面，而是成为每一位公益人在日常工作场景中自觉遵守的行为规范，2018 年下半年，静安区方德瑞信和北京七悦社会公益服务中心组成的项目组编写了第一版《中国公益慈善筹款伦理实操指引手册（征求意见稿）》（以下简称《手册》），对每一条行为准则条款如何在实际操作过程中落地，提供尽可能翔实的参考和指引性建议。

2019 年，为了更好地了解筹款伦理在实际落地执行中遇到的难点和痛点，在实践场景中对其不断修订和完善，项目组通过组织试点、专家研讨、能力建设等工作吸纳反馈意见与建议，对第一版的《手册》进行调整与优化，使其更加符合中国本土公益慈善筹款行业的实际情况。

在组织试点工作中，项目组根据议题领域、组织发展规模、所在地域等方面的要求，在北京、上海、深圳、成都四地邀请 10 家具有影响力和代表性的非营利组织参与筹款伦理的试点执行，秉承志愿参与原则达成合作。在为期一年的试点执行期间，试点组织的负责人及筹款团队工作人员都提出了宝贵的修改意见和建议，在此郑重感谢 10 家组织的筹款负责人及其团队成员。同时，感谢北京、上海专家研讨会的学界专家和行业实践专家提出的专业修改意见和建议。项目组在综合上述反馈意见与建议的基础上仔细修改，最终形成了《手册》（2019 年修订版）。

2022 年，项目组在正式发布的《手册》（2019 年修订版）基础上，结合两年来对行业热点事件的动态观察研究，对《手册》进行再次的修订、补充和更新，以便更加契合当下行业从业伙伴的筹款实操环境，并且以《慈善筹款伦理实践研究》之名正式出版，让筹款研究能够成为筹款方以及公益慈善相关专业学生群体的行动指引，从而惠及更多的公益人和潜在的公益人。因此，《慈善筹款伦理实践研究》是在前期项目推进基础上的深度研究，项目组希望通过本书的正式出版，不断激发公益慈善领域自觉、自省、自律的实际行动，增强社会各界对公益行业的信任，提升公众对捐赠行为的信心。

第二节　研究框架与内容

研究框架与内容主要由以下部分构成：

（1）中国公益慈善筹款伦理行为准则；

（2）具体条款释义与实务指引；

（3）如何使用本书提升组织公信力；

（4）相关法律法规政策文件；

（5）参考资料。

其中，第二条"具体条款释义与实务指引"是本书的核心部分，此部分的呈现方式为：

条款释义	该部分旨在分条或分层级阐明条款的具体含义，并且利用"YES""NO"以及表格的形式，对一些因文字表达局限可能带来的误解做进一步的澄清
实务指引	该部分意在解释，在实践中要遵守这一准则，需要了解哪些具体信息、采取哪些具体行动，能做什么、不能做什么
参考法律政策依据或相关资料	该部分提供该条款内容所参考的法律政策依据及其他的相关资料
案例分析与解读	该部分列举了与该条款内容相关并常见的典型案例，分析与解读可能存在的问题，并提出建议的应对方式

第三节　本书的作用

我们希望本书能够在如下方面对筹款方有所帮助：

（1）解释准则条款的具体含义，并对这么做的原因和理由做出说明；

（2）在具体的实际操作过程中，能够了解每一步需要怎么做，以及可能存在的风险；

（3）通过案例分析与解读，将操作手法应用于现实场景，并通过案例引以为鉴或引以为戒。

第四节　主要成果

2018 年，项目组通过桌面研究、专家研讨会、定向意见征集和公开意见征集等形式，编撰并发布了第一版《中国公益慈善筹款伦理实操指引手册（征求意见稿）》。

2019 年，项目组基于一年的试运行调研反馈和专家的研讨意见，对 2018 年发布的第一版《手册》进行了以下方面的修订，形成《中国公益慈善筹款伦理行为实操指引手册（2019 年修订版）》。

一是在名称中增加"行为"二字，更为强调本研究的目的在于明确筹款伦理在实操行为中的专业标准。目前行业中出现的种种筹款乱象，并不适合一概以"不道德"加以指责。遵守筹款伦理本身是专业能力的一部分。坚守在公益慈善行业本已不易，公益慈善筹款本身处于初级发展阶段，许多问题源于行业缺乏明确的专业行为标准、认知和共识，不宜将之均归咎于道德品行。

二是针对目前的行业形态，修订稿对筹款链条上的各相关方做出更加清晰的界定，将筹款人、捐赠人和受益人，调整为筹款方、捐赠方和受益方。

当下中国筹款主体还是以公益慈善组织为主，虽然逐渐出现了一些专业的筹款公司等支持组织，但筹款的职业化和专业化尚在起步发展阶段。"职业筹款人"尚未成为公益慈善行业普遍设置的角色和岗位，所以我们把这些担负了筹款工作的岗位、职能和组织，统称为"筹款主体"，即"筹款方"；同时，国内的捐赠人也不是单纯地指个人，还有很多是以组织的形式出现，因而，在中国语境下的捐赠人是指"捐赠方"，包含组织和个人；"受益方"是指受益的个人或组织。

同样，基于中国国情，我们目前所定义的筹款方有四类：公益慈善组织及其内部负有筹款职责的组织或项目负责人、筹款团队的全职工作人员、筹款志愿者，以及为公益慈善筹款提供服务支持的筹款公司、咨询公司和互联网募捐信息平台及其从业人员等。不同组织对于这些筹款工作人员的岗位、职级、薪酬的设置存在差异。我们首先需要澄清认知误区，即不能把筹款职能简单等同于销售职能。对于一个具体的组织而言，有效筹款是一项系统工程，这与组织的内部治理、发展目标、筹款传播、项目设计与成本投入等各方面都息息相关，同时也是筹款主体需要一直思考和管理的过程。

三是调整了行为准则结构。征求意见稿沿袭了《国际筹款伦理准则》的条款分类，分为遵守法律法规的责任，对支持者的责任，对公益慈善事业和受益方的责任，管理工作报告、财务信息和筹款成本、收入和薪酬体系等五个版块。修订稿立足于筹款方视角，对筹款链条上各利益相关方的责任进行了梳理，以遵守法律和公序良俗为底线，依照捐赠方、受益方、公益慈善行业、组织内部和合作伙伴应承担的责任展开，为公益慈善工作的实施主体提供参考性建议，整体结构调整为遵守相关法律和法规的责任、对捐赠方的责任、对受益方的责任、对公益慈善行业的责任、对组织内部的责任以及对合作伙伴的责任六个版块。

四是根据试点机构的实践反馈，划分条款中的最高实践标准和底线标准，并参考《国际筹款伦理准则》（2006 版）（International Statement of Ethical Principles in Fundraising〔2006〕）前言中注明的措辞惯例，以"**必须（must or will）**"代表最低实践标准，即"底线"，而以"**应当（should）**"代表最高实践标准。

随着公益慈善筹款不断向专业化、职业化发展，筹款方在筹款过程中必然还会遇到层出不穷的困惑及棘手问题，因此，《手册》的内容也将持续地动态更新。我们希望每年回顾并持续对研究内容条款开展修订与更新，也希望吸引更多的同行与我们一起在实践中不断总结经验与反思，逐步形成行业的真正共识，共同推动筹款自律机制的建立。

2022 年，项目组基于对行业热点事件的动态观察，在 2019 年修订稿的基础上，根据行业关注的重点议题进行了案例的补充修订和更新，最终形成《慈善筹款伦理实践研究》。首先主要是基于项目组多年来观察到的行业内踩过的各种"坑"和"雷"等公开与未公开事件；其次是基于行业热点事件的动态观察形成相应的案例素材库。此外，项目组梳理了 12 个行业可能重点关注的伦理议题，在 2022 年 4 月向业内公开征集投票，根据公益伙伴投票的结果，对排名靠前的议题进行重点增补和完善，比如，不恰当的善因营销、公益慈善拍卖、强制派捐和逼捐、关联交易和关联关系等。具体的修订内容如下：

一是在具体条款层面。在对捐赠方的责任部分，新增一条条款："在设计筹款产品与执行善款使用方案时，筹款方应当立足于组织的专业能力，提供合理的，与机构宗旨、价值观、业务范围以及执行能力相匹配的服务或项目，不得做出过度或虚假承诺。"目前本书中共有 28 条具体条款。

二是在具体案例层面。在原有案例的基础上结合当下行业实际情况进行调整和修改，目前本书中共有 71 个案例。

三是在具体修订细节层面。首先，为每一个案例增加了标题或关键词，方便读者快速获取案例关键信息；其次是对部分内容进行更新，比如互联网公开募捐信息平台的数量，已经从 20 家变为 29 家 ①；最后是对部分文本措辞的修改，让案例的整体措辞更加精准且符合当下实际。

① 截至 2024 年 1 月，民政部指定的慈善组织互联网公开募捐信息平台总数为 29 家，中国慈善信息平台、基金会中心网、百度公益 3 家平台先后退出。

第二章　中国公益慈善筹款伦理行为准则

第一节　前言

公益慈善筹款的目的是让世界更美好。我们的筹款方式或许会因为各地的发展阶段与文化差异而有所不同，但我们都需要以高标准来要求自身，并且遵守当地法律、法规、规章制度和政策，以符合筹款行为准则的方式开展工作。

目前，中国公益慈善组织的筹款工作正在从粗放走向规范，筹款工作的执行者也不再限定于公益慈善组织的全职人员。公益慈善组织、互联网公开募捐信息平台、筹款公司、筹款志愿者等，都以各种方式参与了公益慈善筹款工作。

这项工作并非一帆风顺，参与实际筹款工作的诸多主体，面临的筹款场景和服务对象可能存在相同之处，但各自又处在不同的法律框架、政策体系与治理结构内。同时，复杂的社会环境、不断革新的技术与瞬息万变的舆情也给国内公益慈善筹款工作带来新的挑战。

在此，我们基于"开放、共创、参与"原则，通过开展行业研讨会、定向与公开意见征集、邀请机构试点运行等方式，制定了《中国公益慈善筹款伦理行为准则》（以下简称"《准则》"），并撰写了与其配套的实操指引研究，希望以此推动公益慈善行业对筹款伦理行为准则达成共识并付诸行动。

不论是《准则》《手册》，还是本书，都旨在为筹款方提供一个共享的专业标准与行为框架，以推动公益慈善行业有系统地围绕筹款行为开展探讨，进而达成对筹款行为道德底线与最佳实践标准的共识，从而能够在维护受益方尊严与权利的前提下，为捐赠方与相关支持者带来最佳捐赠体验，助力公众理解公益慈善组织在社会生活中的角色与价值，同时也有助于提升公益慈善行业公信力、增强社会公众对公益慈善事业的信心，更好地践行公益慈善组织的使命。

第二节　术语和定义

捐赠方：自愿无偿地以向公益慈善组织捐赠财物等方式，参与公益慈善活动的自然人、法人或其他方。

筹款方：开展筹款服务与管理工作的一方，在本书中包含法人与自然人概念，主要分为四类，即公益慈善组织及其内部负有筹款职责的组织或项目负责人、筹款团队的全职工作人员、筹款志愿者，以及为公益慈善筹款提供服务支持的筹款公司、咨询公司和互联网公开募捐信息平台及其从业人员等。

受益方：接受公益慈善组织或项目支持及服务的自然人、法人或其他方。

筹款成本：为了开展筹款工作所需合理支出的费用，以及筹款项目或筹款活动在开展过程中产生的行政和管理费用。

第三节 价值观

筹款方应遵守六大重要价值观，具体内容如下：

合规：自觉遵守法律法规以及行业规定和标准，并把符合当前政策和行业规范作为内在的重要标准。

诚实：在任何时候都应当诚实和值得被信任，不误导捐赠方和支持者，以保障公益慈善行业的公信力。

尊重：在任何时候都应当在合法合规的前提下，竭尽所能地尊重受益方和捐赠方的选择和意愿。

正直：在任何时候都应当正直行事，以达成公益慈善捐赠使用效果最大化为己任。

透明：在任何时候都应当对为之筹款的公益慈善事业、捐赠的管理与使用、成本开支和影响力等事项，做到透明、清晰和准确的公示。

负责：应当重视并鼓励筹款实践的多样化、尊重筹款方的多元性，并在任何时候都应当采取负责任的行动，将促进行业专业化发展，营造健康、可持续的行业生态作为共识。

第四节　行为准则

　　本准则是一份衡量专业筹款行为的基准。为了更好地处理、协调筹款行为所涉及的相关方的关系，使我们的筹款工作达到更高标准、更好地实现公益慈善筹款的目的，本准则提供了一个共同遵守的工作行为框架。

一、遵守相关法律和法规的责任

　　（1）筹款方必须遵守开展筹款活动所在国家法律中关于组织形式、业务活动和筹款活动的规定。

　　（2）筹款方必须遵守开展筹款活动所在地区关于筹款实践的具体法规、标准及操作办法。

　　（3）筹款方在开展筹款工作过程中，不得违背当地的公序良俗。

二、对捐赠方的责任

　　（1）在设计筹款产品与执行善款使用方案时，筹款方应当立足于组织的专业能力，提供合理的，与机构宗旨、价值观、业务范围以及执行能力相匹配的服务或项目，不得做出过度或虚假承诺。

（2）无论通过何种媒介或方式，筹款方为募集资金开展任何形式的传播交流活动时，都必须使用准确、合规、真实的信息，并且准确地传递给捐赠方。

（3）无论捐赠方或潜在捐赠方捐赠与否，筹款方都必须尊重他们的自由选择，并不得以任何形式对其进行骚扰、恐吓或胁迫。

（4）无论捐赠方是否表示希望将捐赠用于特定的服务或项目，筹款方都应当遵循符合法规与提高慈善财产使用效益的原则，尊重捐赠方的公益慈善意愿。

（5）当捐赠方的非公益慈善诉求与受益方或行业利益相冲突时，筹款方应当以公益慈善目的为最高原则，妥善回应捐赠方的不恰当诉求。

（6）筹款方必须主动向捐赠方提供有关捐赠使用情况及其影响力方面的清晰的信息。当捐赠方希望了解其捐赠用途时，筹款方应当及时予以合理回应。

（7）筹款方必须尊重捐赠方的权利，在维护受益方尊严的前提下，应当遵照捐赠方关于传播和捐赠方个人隐私的要求和偏好，将其恰当地运用于筹款的实施过程。

（8）筹款方必须确保捐赠方或潜在捐赠方的信息只用于筹款方所服务的公益慈善组织或由该组织授权的行为活动中，不得透露给其他方或挪为他用。当捐赠方要求不要将自己列入筹款对象名单时，筹款方应当立即予以满足。

三、对受益方的责任

（1）筹款方必须尊重其受益方，在筹款传播或相关材料的信息使用中，应当遵循知情同意的原则，优先保护受益方的个人隐私，维护他们的尊严。

（2）筹款方有告知受益方相关权利与义务的责任，不得出现隐瞒真实项目信息等欺骗受益方或损害受益方权利与利益的行为。

（3）制定激励受益方参与筹款的规则时，应当以组织使命与受益方的真实需求为优先，不以受益方具有的筹款资源与能力进行相应的资源匹配。

四、对公益慈善行业的责任

（1）根据国家相关的法律法规，筹款方必须向利益相关方、受益方、捐赠方和公众公开组织的财务信息及与活动相关的准确信息。同时，筹款方应当主动提供真实的善款资金使用情况，不得夸大或过分保守。

（2）筹款方必须以透明和准确的方式呈现公益慈善活动的业务活动成本以及筹款费用，不得在其传播与筹款材料中表达出公益慈善活动不需要成本的误导信息。

（3）筹款方之间不得有不正当的竞争，不得给公益慈善行业及其所服务的领域造成负面影响。

（4）筹款方必须遵守知识产权的相关法律和规定，未经授权不得使用其他方的筹款信息。

（5）筹款方必须遵守数据保护的相关法律和规定，采取有效措施防止信息泄露、毁损、丢失。在发生或者可能发生信息泄露、毁损、丢失的情况时，必须立即采取补救措施。

五、对组织内部的责任

（1）组织的筹款工作须符合组织的价值观和使命，同时，筹款方须与所服务组织的管理团队将实现公益慈善事业总目标作为努力方向；对于不符合组织的价值观和使命或可能损害组织的名誉和社会影响的捐赠，筹款方不得接受。

（2）当捐赠方进行非现金捐赠时，筹款方必须按照相关规定以公允价值合理入账而不是虚增其捐赠价值；如公允价值无法确定，则应另外登记造册。

（3）当捐赠资金来源存疑时，筹款方应当采取恰当措施确保捐赠方的捐赠财产与捐赠行为的公益性，以确保捐赠方的行为和诉求是恰当的，必要时可要求其提供相应证明。

（4）筹款方可以获得基于自己的职务／服务的合法应得报酬／收入，不得基于筹款额的比例作为报酬（或收入），不得利用自身职务或服务机会获取未经许可或不合理的回报。

（5）筹款方应当在组织内部建立筹款伦理监督机制和筹款行为相关的利益申报与处理制度，并建立将筹款伦理纳入重大事项决策的机制。

（6）筹款方不得利用工作之便主动索取酬谢，如出现收到酬谢或礼品等情况，筹款方必须主动向所服务组织或相关方进行申报，符合组织内部规定并且获得必要的确认之后才能进行处置。

六、对合作伙伴的责任

（1）合作筹款方的应得收入，包括固定薪资和绩效等，都应当事先约定并达成书面协议，以确保其收入适当合理，且不得基于筹款额的比例作为发放标准。

（2）当筹款方与供应商、合作伙伴或其他第三方组织合作时，应当采取一切合理的方式确保外部合作方能遵守并按照与自己相同的筹款行为准则开展工作，且不得从中获取不合理的报酬。

（3）当公益慈善组织委托第三方组织或者聘请专业筹款人员开展筹款工作时，应当为其提供合理的系统性支持，以便筹款工作的顺利开展。

第三章 具体条款释义与实务指引

第一节 遵守相关法律和法规的责任

一、筹款方必须遵守开展筹款活动所在国家法律中关于组织形式、业务活动和筹款活动的规定

（一）条款释义

首先，筹款方作为筹款行为的主体，在开展各类活动的过程中，要遵守活动所在国家的法律法规。除了作为公民所必须遵守的法律法规外，筹款方还须关注与公益慈善组织相关的法律法规、与慈善活动开展相关的法律法规，以及与筹款活动开展相关的法律法规。

> **YES**：本条意在强调筹款方在直接开展或代表某组织开展各类筹款活动的过程中，必须遵守法律法规，并且要了解和遵守不同的活动开展地区当地的法律法规

> NO：本条强调筹款方必须在遵守各类法律法规行为框架下开展业务活动，但筹款方开展活动并非只需要遵循法律法规即可，也不能片面理解为"法无禁止即可为"

（二）实务指引

筹款方在开展工作之前，首先须了解、熟悉和遵守所在国家有哪些与筹款行为和公益慈善组织活动相关的法律法规。在中国，这些法律法规主要涉及组织注册管理、筹款与捐赠活动、财务管理与监督等方面（详见"参考法律政策依据"）。

（三）参考法律政策依据

以下列举了筹款方须熟知的我国相关的法律法规政策，需要特别说明的是，本部分并不是严格按照法律属性进行划分的，而是依据实用功能进行划分的。

1. 组织注册管理

《中华人民共和国慈善法》

《基金会管理条例》

《慈善组织认定办法》

2. 筹款与捐赠活动

《中华人民共和国公益事业捐赠法》

《救灾捐赠管理办法》

《慈善组织公开募捐管理办法》

《公开募捐平台服务管理办法》

3. 财务管理与监督

《中华人民共和国会计法》

《社会组织评估管理办法》

《社会组织信用信息管理办法》

《慈善组织信息公开办法》

《民间非营利组织会计制度》

《社会组织登记管理机关行政处罚程序规定》

《关于慈善组织开展慈善活动年度支出和管理费用的规定》

《关于公益性捐赠税前扣除有关事项的公告》

如果开展活动为国际类型活动，或与境外组织相关，筹款方还须熟知以下法律条款：

《中华人民共和国境外非政府组织境内活动管理法》

《境外非政府组织在中国境内活动领域和项目目录、业务主管单位名录（2019）》

（四）案例分析与解读

案例一　公益慈善组织能否接受烟草公司的捐赠

某烟草公司 S 计划捐赠 1000 万元给基金会 F，主要用途是推动中国传统文化事业发展，但要求基金会 F 对其捐赠行为开展宣传，基金会 F 面对这笔捐款不知道是否该接受。

问题分析

在该案例中接受捐赠的主要风险点在于，烟草公司 S 要求捐赠并提出进行宣传的要求，这跟《中华人民共和国慈善法》第四十条"任何组织和个人不得利用慈善捐赠违反法律规定宣传烟草制品，不得利用慈善捐赠以任何方式宣传法律禁止宣传的产品和事项"的规定相违背，我国法律的要求是"慈善活动中不得含有烟草企业的名称，不得含有带有烟草品牌的文字、品牌和装潢，不得进行文字报道、冠名、纪念和评奖"等宣传行为；若没有任何宣传目的，只是公益捐赠，法律并没有明确禁止基金会接受捐赠。

建议的应对方式

（1）基金会须考虑该捐赠与组织自身的价值观和使命是否有冲突，详细可参考本书第148页"对组织内部的责任"之"组织的筹款工作须符合组织的价值观和使命；同时，筹款方须与所服务组织的管理团队将实现公益慈善事业总目标作为努力方向；对于不符合组织的价值观和使命或可能损害组织的名誉和社会影响的捐赠，筹款方不得接受"的条款释义与实务指引。若有冲突则须明确拒绝捐赠，尤其是关于人类健康福祉类与儿童青少年教育类的公益慈善组织。

（2）若该案例中的基金会F的价值与使命没有与该笔捐赠相冲突，则基金会F可以与烟草公司S进行充分沟通，须明确告知《中华人民共和国慈善法》中关于烟草捐赠的有关规定。如烟草公司S同意不做任何违背法律规定的宣传，并且其所捐款项用途符合基金会F的业务范围，则基金会F可以接受捐赠。

案例二　捐赠人能否指定特定捐赠受益方

某企业家M给某高校教育基金会L捐赠了1000万元用于资助学校青年学生进行国际交流项目，其儿子也就读于该校。捐赠时，企业家M要求让其不符合该国际交流项目要求的儿子也参加该国际交流项目，学校教育基金会是否能接受该笔捐赠？

问题分析

本案例的风险点在于，该企业家的捐赠属于附带条件的捐赠，指定了特定的捐赠受益方，而且是其不符合该国际交流项目要求的亲属（儿子）。若教育基金会 L 接受了该捐赠则违反了《中华人民共和国慈善法》中第四十条的规定"捐赠人与慈善组织约定捐赠财产的用途和受益人时，不得指定或者变相指定捐赠人的利害关系人作为受益人"。

建议的应对方式

教育基金会 L 须主动告知捐赠人 M《中华人民共和国慈善法》中关于"不得指定或者变相指定捐赠人的利害关系人作为受益人"的法律规定。

如捐赠人 M 同意，在签署捐赠协议时，应当在协议中明确列出捐赠方承诺不指定其亲属作为受益方的条款。若在明确告知捐赠方《中华人民共和国慈善法》中的相关法律规定后，捐赠人 M 依然坚持要让其亲属（儿子）参与才能捐赠，则属于附带条件捐赠，教育基金会 L 须明确拒绝该捐赠。

案例三　如何处理关联交易与关联关系

某公募组织 S 在互联网公开募捐信息平台上发起了给老年人送餐服务的助老项目，每年向社会公开募捐资金达 200 多万元。经网友爆料，相关部门查实，该公募组织 S 选择给老年人送餐的公司为某旅游景区的餐馆，其中部分公益资金用于经营该餐馆。

而该送餐公司的法定代表人是公募组织 S 的副理事长。公募组织 S 并没有遵循相关的采购流程选择相应的送餐供应商，而是由副理事长拍板直接确定了由其担任法定代表人的送餐公司作为供应商。同时，公募组织 S 也没有向社会公示餐饮公司法定代表人与公募组织 S 理事成员之间的关系。最终，该项目被关停下线。

问题分析

本案例中存在两处明显风险点：

一是供应商选择的决策过程涉嫌违法。该公益项目在选择送餐供应商时并没有严格遵循相关合理的采购流程，而是直接选择了副理事长负责经营的餐馆。这种做法明显违反了《中华人民共和国慈善法》第十四条中"慈善组织的发起人、主要捐赠人以及管理人员与慈善组织发生交易行为的，不得参与慈善组织有关该交易行为的决策，有关交易情况应当向社会公开"的规定。

二是没有公示关联交易及关系且存在滥用慈善财产的行为。公募组织 S 的副理事长为某旅游景区餐馆的法定代表人，而且是该公益项目送餐的供应商。但该项目是面向社会公开的公募项目，明显存在关联交易关系；同时，将社会募集的公益资金用于经营餐馆，明显存在侵占公共财产和损害慈善组织利益的行为。按照《中华人民共和国慈善法》第十四条中"慈善组织的发起人、主要捐赠人以及管理人员，不得利用其关联关系损害慈善组织、受益人的利益和社会公共利益"的规定，该行为涉嫌违法。

建议的应对方式

首先需要明确的是法律并不是禁止所有的关联交易及关系，

而是禁止不合法不合理的关联交易。针对关联交易及关系的情况，有以下鉴别及应对方式：

（1）公益慈善组织在选择供应商的决策过程中，尤其是涉及公益慈善组织发起人、主要捐赠人及管理人员为服务供应商时，须根据回避原则让其避免参与到决策中；另外，须遵循合理的采购流程及原则（例如三方比价或竞争性磋商，采购金额较大时也可以采用完整的招投标程序），选择最适合公益项目设计目标，并且性价比较高的供应商，从而保证公益效用的最大化。

（2）公益慈善组织跟供应商存在关联交易及关系的情况下，须严格按照《中华人民共和国慈善法》中的相关规定及时主动向社会公开选择的原因和程序，避免引起不必要的舆情风险。

案例四　捐赠与委托业务应该开什么发票？

某企业 C 向基金会 S 捐赠 100 万元用于儿童公益服务，要求举办相应的大型捐赠仪式的新闻发布会。该新闻发布会由企业 C 委托基金会 S 组织实施，捐赠仪式产生的相关费用 10 万元由企业 C 承担。但在开具票据时，企业 C 要求开具捐赠票据 110 万元，基金会则认为应该开具 100 万元的捐赠票据和 10 万元的增值税发票，因为 10 万元属于委托服务产生的相关费用，并不属于直接捐赠，双方争执不休，该如何处理？

问题分析

本案例中的争议点主要在于企业委托基金会举办大型捐赠仪式新闻发布会产生的费用，是否能算公益事业捐赠支出。公益事业的捐赠支出是指《中华人民共和国公益事业捐赠法》规定的向公益事业的捐赠支出，具体范围包括：（一）救助灾害、救济贫困、扶助残疾人等困难的社会群体和个人的活动；（二）教育、科学、文化、卫生、体育事业；（三）环境保护、社会公共设施建设；（四）促进社会发展和进步的其他社会公共和福利事业。

基金会接受企业捐赠并非不能举办相应的捐赠仪式。捐赠仪式属于基金会的筹款成本，是基金会常规捐赠服务的一部分。但是如果企业对捐赠仪式有特定要求、超出了基金会常规捐赠服务范围，并采用委托服务的形式举办，那么该捐赠仪式所产生的相关费用，须根据真实情况开具相应的增值税发票，而不是公益性捐赠发票。

《关于公益性捐赠税前扣除有关事项的公告》（财政部 税务总局 民政部公告 2020 年第 27 号）第十三条要求："除另有规定外，公益性社会组织、县级以上人民政府及其部门等国家机关在接受企业或个人捐赠时，按以下原则确认捐赠额：（一）接受的货币性资产捐赠，以实际收到的全额确认捐赠额。（二）接受的非货币性资产捐赠，以其公允价值确认捐赠额。捐赠方在向公益性群众组织、县级以上人民政府及其部门等国家机关捐赠时，应当提供注明捐赠非货币性资产公允价值的证明；不能提供证明的，接受捐赠方不得向其开具捐赠票据。"

建议的应对方式

基金会 S 应该根据实际收到的捐赠金额开具相应的公益性捐赠发票，其余委托服务应当开具增值税发票。基金会在与企业沟通时，须提前为捐赠企业就一般性委托服务与公益事业支出捐赠范围的区别作出明确的说明。

二、筹款方必须遵守开展筹款活动所在地区关于筹款实践的具体法规、标准及操作办法

（一）条款释义

当筹款方在一些具体区域开展活动时，须注意遵守当地的具体法规与标准，因为这些会直接在实践中影响筹款方开展具体工作的方式和路径。理解和重视区域层级的筹款实践相关的法规、标准及操作办法，有利于提升筹款方以及所服务组织的公信力。

> **YES**：本条意在强调筹款方须遵守特定区域的具体法规、标准及操作方法等，并遵守各行业在规范本行业公益慈善活动过程中所发布的各类管理准则
>
> **NO**：本条强调遵守达成一致的筹款关系体系，是指有关政府部门、行业协会等能够代表大多数（行业全体）利益的组织，所制定的各类规划、意见、标准、政策、行规、规定等能够接受公开监督的管理体系，而非指两个或几个主体之间私下达成的不接受公开监督的私约

（二）实务指引

具体来说，筹款方所须遵守的筹款实践的法规、标准及操作办法包含下列层面：

1. 根据筹款活动形式的区别

根据筹款活动的形式，国内的公益慈善筹款活动分为公开募捐活动和非公开募捐活动。

（1）无论是公开募捐活动还是非公开募捐活动，都须遵循

《中华人民共和国慈善法》中的规定。

（2）如果涉及公开募捐活动，则还须遵守《慈善组织公开募捐管理办法》，并按照规定在开展公开募捐活动的十日前将募捐方案报送登记的民政部门备案。材料齐备的，民政部门应当及时受理，对予以备案的向社会公开。

（3）如果活动采用互联网公开募捐的形式，则还须在遵循上述两个规定的前提下，遵循《慈善组织互联网公开募捐信息平台基本管理规范》，并按照规范在国务院民政部门建立的统一信息平台进行相关的公开募捐信息备案，然后再通过民政部指定的慈善组织互联网公开募捐信息平台发布公开募捐信息。

（4）如果进行非公开募捐活动，则须按照组织章程，在遵循《中华人民共和国慈善法》规定的前提下，向特定的对象进行募捐活动。

2. 根据筹款活动对象的区别

开展筹款活动，首先须甄别筹款以及活动的主要对象是中国境内组织还是境外组织。如果涉及中国境外组织或境外的活动，则须按照《中华人民共和国境外非政府组织境内活动管理法》中所规定的，并参照《境外非政府组织在中国境内活动领域和项目目录、业务主管单位名录（2019）》，在公安局境外组织管理处对筹款活动的内容进行报备。同时，筹款方须注意的是中国境内任何单位和个人不得接受未登记设立代表机构的组织及未经备案开展临时活动的境外非政府组织的委托、资助、代理或者变相代理境外非政府组织在中国境内开展活动。

3. 根据筹款活动区域的区别

一些具体的法律法规政策，在不同的活动区域会有对应的地方规范。例如，关于《慈善组织公开募捐管理办法》中所要求的公开募捐活动须向民政部门进行备案的，在北京和上海两地执行活动时，就须参照当地的具体规范，如上海就有相应的《上海市慈善条例》。这些规范中还包括具体的操作流程，掌握这些区域性的规范，有利于筹款方更方便快捷地开展相关工作。

在国际层面，也须注意法律法规与伦理准则。以美国为例，各州对互联网与线下筹款有不同的细则规定，如果筹款活动内容与这些区域相关，就必须了解相应的筹款管理体系。在筹款伦理层面，以美国筹款人协会与英国筹款人协会为代表的筹款行业组织都有面向其成员制定的筹款伦理准则，也推动了《国际筹款伦理准则》的出台，代表着行业规范。筹款方在各国筹款时须注意遵守此类行业协会准则。

4. 根据筹款活动内容的区别

筹款方在设计筹款内容的过程中，当涉及跨行业或跨国筹款工作时，除了须遵守筹款方面的法律法规、标准及操作办法外，还须关注内容涉及的行业和其他国家所特有的约定俗成的筹款管理体系。

在行业层面，例如中国电子工业标准化技术协会建立了《电子信息行业社会责任管理体系》。如果筹款内容与电子信息行业相关，筹款方也须了解该行业社会责任的管理体系，开展的筹款活动内容须在该行业企业社会责任管理体系范畴内。

（三）参考法律政策依据

1.《中华人民共和国慈善法》

第二十二条　慈善组织开展公开募捐，应当取得公开募捐资格。依法登记满一年的慈善组织，可以向办理其登记的民政部门申请公开募捐资格。民政部门应当自受理申请之日起二十日内作出决定。慈善组织符合内部治理结构健全、运作规范的条件的，发给公开募捐资格证书；不符合条件的，不发给公开募捐资格证书并书面说明理由。

其他法律、行政法规规定可以公开募捐的非营利组织，由县级以上人民政府民政部门直接发给公开募捐资格证书。

2.《慈善组织互联网公开募捐信息平台基本管理规范》

5.2.4　公开募捐信息展示页面的标题格式应统一为：慈善募捐 | 募捐活动名称 |×××平台简称。非慈善募捐信息不应采用此标题格式。

（四）案例分析与解读

案例一　个人涉嫌非法为特定群体筹款开展公开募捐

某爱心人士 A 看到家乡山区贫困儿童上学存在困难，想通过社会公开募捐的力量帮助家乡贫困儿童，设计并发起一项一对一助学的网络募捐活动，经过传播在各大社交媒体中广泛流传，网友在活动页面可寻找自己家乡的贫困儿童，为其捐赠一元钱。完成捐款后，还可分享到朋友圈邀请好友参与。

该活动引发广泛关注，但相关管理部门经查发现该活动并未备案，没有挂靠相应的公募组织，也未在指定的慈善组织互联网公开募捐信息平台发布，于是开始对此活动进行立案调查，并最终根据调查结果，对 A 非法为特定群体筹款的公开募捐行为进行了处罚。

问题分析

爱心人士 A 关注家乡山区贫困儿童上学问题的善心是值得肯定和鼓励的，但是个人在面向社会开展公益活动的时候，必须遵循相关法律法规的要求。该案例中的筹款方 A 虽是出于好心，但因个人不具备公募资质而受到处罚。筹款方在开展公开募捐时，首先，必须具有相应的公募资质，个人不能直接为某个群体面向社会发起公开募捐。其次，须遵守《慈善组织公开募捐管理办法》，按照规定在开展公开募捐活动的十日前将募捐方案报送登记的民政部门备案。同时作为在互联网开展的公开募捐活动，筹款方也须遵守《慈善组织互联网公开募捐信息平台基本管理规范》，在经过民政部认定的互联网募捐平台才能开展公开募捐。

建议的应对方式

（1）若 A 想要为贫困山区特定儿童公开向社会筹集相应的资金，可以通过统一信息平台或者中国社会组织网，查询教育助学领域的公益慈善组织，与其中具有公募资质的公益慈善组织合作，并按照《慈善组织公开募捐管理办法》的要求进行备案登记，最终向社会公开募捐；也可以到民政部指定的 29 家慈善组织互联网公开募捐信息平台中选择合适的平台发布相关的募捐信息。

（2）若 A 很明确只为家乡的几个孩子募捐善款，且不通过社会公开募捐的方式，而是通过向特定群体进行募捐，比如自己的朋友、家人等通过微信转账的方式进行定向筹款，这是允许的。

案例二　公益慈善组织涉嫌非法公开募捐

某网红公益支教组织 L 在网络上为其负责人打造关注乡村留守儿童最美支教老师的人设，在不具备公募资质的情况下，非法开通二维码进行公开募款，引发广大网友热议。最终在网友的举报下，相关部门介入并立案调查，最终行政处罚处理结果显示："当事人通过互联网媒体发布二维码收款信息，面向社会公众进行资金募集，应被认定为公开募捐行为，但因其不具备公募资质，因此涉嫌非法公开募捐行为。"最终相关部门对当事人进行了行政警告与行政处罚，并责令其退还捐赠人款项。

问题分析

本案例中的风险点主要在于公益慈善组织 L 在没有获得公开募捐资质的情况下，通过二维码进行非法公开募捐，违反了《慈善法》第二十二条"慈善组织开展公开募捐，应当取得公开募捐资格"、第二十七条"慈善组织通过互联网开展公开募捐的，应当在国务院民政部门指定的互联网公开募捐服务平台[①]进行，并可以同时在其网站进行"和第二十六条"不具有公开募捐资格的

---

① 2024 年开始执行的《慈善法》中将"慈善组织公开募捐信息平台"称为"互联网公开募捐服务平台"。

组织或者个人基于慈善目的，可以与具有公开募捐资格的慈善组织合作，由该慈善组织开展公开募捐，合作方不得以任何形式自行开展公开募捐"。

建议的应对方式

没有公募资质的公益慈善组织基于慈善目的想要向社会公开募捐，有两种方式可以应对：

（1）申请公开募捐资格。《慈善法》第二十二条规定："慈善组织开展公开募捐，应当取得公开募捐资格。依法登记满一年的慈善组织，可以向办理其登记的民政部门申请公开募捐资格。民政部门应当自受理申请之日起二十日内作出决定。慈善组织符合内部治理结构健全、运作规范的条件的，发给公开募捐资格证书；不符合条件的，不发给公开募捐资格证书并书面说明理由。其他法律、行政法规规定可以公开募捐的非营利性组织，由县级以上人民政府民政部门直接发给公开募捐资格证书。"

（2）与具有公开募捐资格的公益慈善组织合作，获取向社会公开募捐的机会。《慈善法》第二十六条规定："不具有公开募捐资格的组织或者个人基于慈善目的，可以与具有公开募捐资格的慈善组织合作，由该慈善组织开展公开募捐，合作方不得以任何形式自行开展公开募捐。"

通过以上两种方式，公益慈善组织在取得公开募捐资格后，想要通过互联网开展公开募捐的，应当在国务院民政部门指定的互联网公开募捐服务平台上发布募捐信息，同时可以在其官网发布募捐信息。

截至 2024 年 1 月，我国通过民政部遴选的慈善组织互联网公开募捐信息平台共有 29 家，其中包括腾讯公益、阿里巴巴公益、支付宝公益、新浪微公益、京东公益、公益宝、新华公益、轻松公益、联劝网、广益联募、美团公益、滴滴公益、善源公益、融 e 购公益、水滴公益、苏宁公益、帮帮公益、易宝公益、中国社会扶贫网、字节跳动公益、小米公益、亲青公益、哔哩哔哩公益、平安公益、360 公益、中国移动公益、芒果公益、携程公益、慈链公益。

三、筹款方在开展筹款工作过程中，不得违背当地的公序良俗

（一）条款释义

公序，指公共秩序，是指国家、社会的存在及其发展所必需的一般秩序，包括国家利益、社会经济秩序和社会公共利益；良俗，指善良风俗，是指国家、社会的存在及其发展所必需的一般道德，包括社会公德、商业道德和社会良好风尚。因而，在各地开展筹款工作过程中，需要尊重当地的社会公共秩序和社会道德，即尊重当地传统与风俗。

> **YES**：本条意在强调筹款方在进行筹款工作过程中不仅要遵守国家的相关法律法规，还要注意当地的实际情况，应当遵守当地的公共秩序和一般的社会道德，符合公序良俗

> **NO**：本条并非指以遵循公序良俗为"借口"来违背双方已经达成的法律关系

（二）实务指引

在实际的筹款过程中，除了遵守国家的法律法规外，筹款方还应遵守相关的公序良俗。在筹款活动、内容、方式等方面都需要遵守社会公共秩序和道德。尤其在涉及少数民族地区或人群时，更要注意尊重其传统与风俗。

（三）参考法律政策依据

1.《中华人民共和国慈善法》

第四条 慈善工作坚持中国共产党的领导。

开展慈善活动，应当遵循合法、自愿、诚信、非营利的原则，不得违背社会公德，不得危害国家安全、损害社会公共利益和他人合法权益。

第十五条 慈善组织不得从事、资助危害国家安全和社会公共利益的活动，不得接受附加违反法律法规和违背社会公德条件的捐赠，不得对受益人附加违反法律法规和违背社会公德的条件。

第二十二条 慈善组织开展公开募捐，应当取得公开募捐资格。

2.《慈善组织公开募捐管理办法》

第三条 依法取得公开募捐资格的慈善组织可以面向公众开展募捐。不具有公开募捐资格的组织和个人不得开展公开募捐。

（四）案例分析与解读

案例 开设女德班违背社会公序良俗

社会组织 L 是一家民办非企业类组织，其在培训中长期开设女德培训课程，并且将此课程包装成公益慈善项目，长期开展筹款活动。最近，L又在组织网站上设立了一个捐赠入口，并且多次举办公开宣讲活动，鼓动社会公众为女德班项目捐款。

然而，女德班披着弘扬传统文化的外衣宣扬封建迷信和道德糟粕，比如男尊女卑、重男轻女、夫为妇纲，以及要求女子"三从四德"等，引起公众强烈质疑。

两个月后，女德班因违背社会道德风尚与公序良俗，同时涉嫌打着公益慈善旗号牟利、违规进行公开募捐，被当地执法机关叫停。

问题分析

该案例中主要存在两方面的问题：一是女德班培训的内容违背社会公序良俗。比如关于"男尊女卑、重男轻女、夫为妇纲"，以及要求女子"三从四德"等思想的培训课程，违背了社会公平和男女平等的现代道德观念，是对女性的性别歧视。

二是《中华人民共和国慈善法》第二十六条规定："不具有公开募捐资格的组织或者个人基于慈善目的，可以与具有公开募捐资格的慈善组织合作，由该慈善组织开展公开募捐，合作方不得以任何形式自行开展公开募捐。"该案例中的组织L并不具有公开募捐的资质，私自面向社会公众募捐是一种违法行为。

建议的应对方式

（1）公益慈善组织开展文化类活动时，须考虑活动内容是否在合法合规的前提下，符合最普遍的社会公序良俗。

（2）不具备公募资质的公益慈善组织想要开展募捐活动应当

寻找具有公募资质的组织进行合作，并在统一信息平台上做好相应的备案工作。如开展在线筹款，则须在民政部指定的慈善组织互联网公开募捐信息平台发布筹款信息。

第二节　对捐赠方的责任

一、在设计筹款产品与执行善款使用方案时，筹款方应当立足于组织的专业能力，提供合理的，与机构宗旨、价值观、业务范围以及执行能力相匹配的服务或项目，不得做出过度或虚假承诺

（一）条款释义

本条款意在强调筹款方对捐赠方最重要的责任，主要包含两层含义：

（1）筹款方应当秉持对公益慈善资金有效使用负责的原则和对捐赠方负责的态度，将善款高效并合理地用于社会问题的解决。其中，针对社会突发公共事件和热点新闻而开展的筹款行为，应当瞄准其背后亟待解决的社会问题，以此为方向综合考虑机构自身的宗旨、业务范围和执行能力，再设计相应的项目或筹款产品。

（2）筹款方应当立足于自身的专业能力和执行能力，需要考虑项目设计的合理性，而不是只根据筹款的难易程度、善款金额的大小以及行业的"潮流导向"盲目设计项目或筹款产品。

> **YES**：本条意在强调筹款方应当本着对捐赠人负责的态度，结合机构自身的专业能力和执行能力，将善款用于有效解决社会问题，不盲目开展筹款工作
>
> **NO**：本条并非以限制机构拓展专业能力和服务内容为目的，或禁止其参与诸如重大自然灾害、事故灾难，以及公共卫生事件等突发事件的筹款工作

（二）实务指引

该条款意在强调筹款方应当以自身专业和执行能力立身，并以此为基础设计筹款产品与活动，对捐赠人负责，负责任地使用善款。其要点包括：

（1）筹款方案设计的过程中，筹款方首先要从自身的专业执行能力和对公益资金有效使用的原则出发，明确回应社会需求和能够提供的服务或项目，并确认其与机构宗旨、价值观、业务范围相匹配。在设计善款使用方案过程中，需要对自身的执行力有清晰的评估，避免后续出现因过度承诺而无法执行，或因短期过度扩张引发项目质量下降等问题。

（2）慎重设计以"热点"事件为核心的筹款方案。筹款方需要谨记，"蹭热点"是一把"双刃剑"。一方面，对于长期关注与某一热点相关的社会议题，并具有专业性和执行能力的机构来说，公众的关注度能够提供倡导与支持的"能量"，为该热点背后的社会议题吸引更广泛的关注与捐赠资金；另一方面，若是公益机构长期仅以"追热点"为导向，不考虑机构自身执行能力和善款使用有效性，势必会积累越来越多的内部运作风险与品牌风险，最终酿成舆论危机。

这里并不是建议机构在面对突发热点事件时做"透明人"，

恰恰相反，本条意在鼓励机构以正确的方式积极关注和参与社会议题。本条主张公益机构应当避免盲目蹭热点筹款的行为，在面对热点事件时，首先应当判断是否适合开展筹款。如适合开展筹款，公益机构应当基于机构自身的初心和专业性，分析"热点"事件背后的社会问题，并明确公益慈善行业及其机构在该社会议题的解决中能够发挥哪些作用，需要什么样的支持。

（3）针对诸如重大自然灾害、事故灾难和公共卫生事件等突发事件，有关部门会开通"绿色通道"开展筹款工作，此时对机构业务范围不再实行严格限制。《中华人民共和国慈善法》第七十条规定："发生重大突发事件需要迅速开展救助时，履行统一领导职责或者组织处置突发事件的人民政府应当依法建立协调机制，明确专门机构、人员，提供需求信息，及时有序引导慈善组织、志愿者等社会力量开展募捐和救助活动。"

此处需要注意的是，特殊突发事件的筹款与机构专业性、执行能力的匹配并不相矛盾。例如，在突发重大自然灾害的时候，会产生诸多公益需求，包括紧急救助、灾后重建、受灾民众的心理康复等。筹款方仍应当基于自身专业性和执行能力，设计合理的筹款项目或服务。筹得善款后，由机构自身执行具体的项目或提供相关服务，也可以协调有能力的机构执行项目或提供服务，从而有效地使用善款，对捐赠人负责。

（三）参考法律政策依据

《中华人民共和国慈善法》

第五十七条　慈善组织应当合理设计慈善项目，优化实施流程，降低运行成本，提高慈善财产使用效益。

（四）案例分析与解读

案例　忽视机构的执行能力，盲目追求热点事件进行筹款

　　某社会服务机构业务范围主要以社区中的老年照料活动为主，其项目地点主要在西南地区的一些大型城市。在该组织尝试使用慈善组织互联网公开募捐信息平台之后，发现了通过平台筹款的传播效果和便利性。于是该机构便开始尝试结合一些热点话题来传播自己的公益项目，初期选择的主要是与老年人相关的新闻热点和话题，取得了不错的筹款效果。

　　2021年河南、河北等地区突遭水灾，成为一时的社会新闻热点。该机构发现为灾区救援和重建的项目筹款能够受到广泛关注，于是也发起了一个救灾筹款的项目，短期内就募集到了不少资金。但很快捐赠的网友开始对这个项目提出了质疑，认为该项目超出了该机构的业务范围，且不一定有能力完成，引发了不少捐赠人对该机构"项目造假"的怀疑。

问题分析

　　结合社会热点事件进行筹款是常见的筹款策略，但热点能够带来多少关注度，也就有可能带来多少质疑声。能否妥善回应公众质疑，关键在于机构是否具备足够的执行能力和专业性。如果不具备解决相应问题的能力，即便在短期内能够筹到大量的善款，也极易引发舆论危机损害机构自身信誉。

　　在本案例中，救灾需要具备相应专业的能力。因此，通过灾害事件筹集而来的资金，如何合理、合规、有效地使用，是机构在发起筹款前就需要严肃对待的问题，而不能仅看到利用大灾大难容易筹款就盲目发起救灾项目。

建议的应对方式

对于公益慈善组织来说，社会热点事件的出现，首先意味着热点事件背后可能对应的是长期存在的社会问题。如何理解这些社会问题？这些问题是否与自身的专业能力相关？开展哪些工作可以有助于相关方解决这些问题？公益慈善组织应当在厘清这些问题之后，再去动员捐赠方参与到自己的问题解决方案中（通过捐赠资金或者成为志愿者），这才是更为恰当的做法。

若机构在综合考虑自身的宗旨、价值观、业务范围以及执行能力后，发现自身并不具备相应的执行能力，即使出现突发的社会热点事件也不应当利用该社会热点事件盲目进行筹款。

自然灾害救助领域中包含众多社会议题，老年群体在灾害场景下是更脆弱的弱势群体。因此，该社会服务机构应当结合自身的专业性，在自然灾害救助领域了解老年群体在灾害场景下的需求，设计相应的解决方案再发起筹款行动。

二、无论通过何种媒介或方式，筹款方为募集资金开展任何形式的传播交流活动时，都必须使用准确、合规、真实的信息，并且准确地传递给捐赠方

（一）条款释义

本条款主要包含三层意思：

（1）筹款方在传播活动中使用的材料要忠于事实，保持诚实。

（2）要完整、及时、真实地传播足以影响到捐赠方决策的信息。

（3）筹款方在传播真实信息的过程中要符合法律法规，并尊重捐赠方和受益方的隐私权。

> **YES**：本条意在强调筹款方在进行传播时，须保证材料的真实性和完整性，不能选取部分事实传播，不能隐瞒能够影响捐赠方决策的关键信息，同时须以将信息内容准确传递给捐赠方为最终目标
>
> **NO**：本条并非是指为了传播的真实性，事无巨细地披露所有受益方或捐赠方的信息。筹款方在传播真实信息的过程中，须尊重捐赠方和受益方的隐私权。在传播相关信息之前，要征得受益方的知情同意，并以维护受益方尊严的方式制作和使用传播材料

（二）实务指引

筹款方在传播信息过程中，须做到：

（1）保证传播信息（包括捐赠金额、捐赠用途、财务报告等）的真实性，对传播内容不弄虚作假。筹款方须主动提供真实的资金使用的信息，不得夸大筹款需求，也不得为了追求筹款效果，有意隐瞒能够对捐赠方决策产生重要影响的关键信息，如受益方的财务状况与已有的政府政策支持等。

（2）筹款方须合法合规公开善款使用计划，但不能为了增强筹款效果，将捐赠方和受益方的隐私信息毫无保留地公开。

（3）慈善组织作为筹款方，应当按照《慈善组织信息公开办法》的具体指引合法合规地披露公开信息。

（4）在传播过程中涉及捐赠方信息时，须保证捐赠方的知情

权，在征得捐赠方的知情同意后，再进行传播。

（三）参考法律政策依据

《中华人民共和国慈善法》

第三十一条　开展募捐活动，应当尊重和维护募捐对象的合法权益，保障募捐对象的知情权，不得通过虚构事实等方式欺骗、诱导募捐对象实施捐赠。

第七十五条　国家建立健全慈善信息统计和发布制度。

国务院民政部门建立健全统一的慈善信息平台，免费提供慈善信息发布服务。

县级以上人民政府民政部门应当在前款规定的平台及时向社会公开慈善信息。

慈善组织和慈善信托的受托人应当在本条第二款规定的平台发布慈善信息，并对信息的真实性负责。

第八十二条　涉及国家秘密、商业秘密、个人隐私的信息以及捐赠人、慈善信托的委托人不同意公开的姓名、名称、住所、通讯方式等信息，不得公开。

（四）案例分析与解读

案例一　筹款信息传播的准确性

2017年年底，一项名为"一元助TA改变命运"的公益活动在网上刷屏成为爆款。此项活动的参与者可以找到一位和自己同一天生日的贫困儿童，并为其捐赠一元钱。但很快就有网友发现此项公益活动中有几个孩子的生日为并不存在的2009年2月29日，并有同一个孩子出现不同生日日期的情况，引发了公众对贫困儿童生日信息真实性的质疑，进而使该活动陷入了"假慈善"风波，其后又有网友发现该平台并不具备公开募捐的资格，同时该平台大量曝光受助儿童隐私细节等也遭到公众批评，各种质疑叠加引起了巨大的社会争议。

问题分析

该事件反转的主要原因是，广为传播的筹款材料信息错误，从而引发公众对其真实性与可信度的质疑，进而又引发对运营方是否有此类公开募捐活动运营资质合法性的质疑，以及侵犯儿童隐私权的质疑。潮水般的批评不但指向了筹款方，也严重损害了公益慈善行业的整体公信力，打击了公众参与公益慈善活动的积极性。

建议的应对方式

（1）筹款方在准备公开募捐活动前须依法做好备案，并在指定的慈善组织互联网公开募捐信息平台发布。

（2）在筹款材料进入传播环节前，筹款方必须反复核对，确保信息的真实性、准确性、可靠性和完整性。

（3）涉及儿童照片的使用，首先须与其监护人签订肖像权使用协议。此外还须告知监护人该名儿童照片将被使用于何处、为何使用，以及公开使用后可能会对其生活产生什么影响，并征得儿童本人同意之后方可使用。筹款方在筹款信息传播过程中，应当主动公开介绍为保护儿童隐私权所采用的必要的技术处理方式与工作方法。

案例二　为追求筹款效果而故意隐瞒关键信息

某公益慈善组织 S 为帮助患有恶性肿瘤的患儿 L，开展了大病救助个案筹款。在发布的筹款信息中，只公开了 L 病情的严重性，以及资金需要的重要性和紧迫性，并没有完整而真实地呈现 L 的家庭情况，事后网友发现 L 家中还有两套房产，从而对 L 的家庭和组织 S 提出了质疑。

问题分析

在该案例中，组织 S 在筹款信息中没有真实而完整地公开 L 的家庭经济状况，没有披露足以影响捐赠方决策的重大信息，进而引发了捐赠方的质疑。

建议的应对方式

公益慈善组织 S 在为 L 准备筹款材料时，须介绍 L 家庭经济情况，并解释公开募捐的合理性缘由，供公众自行决定是否捐赠。

案例三　筹款信息传播的完整性

公益基金会 H 设计了通过为偏远地区女孩发放"卫生包"，以改善其个人卫生生活质量的公益项目，并通过慈善组织互联网公开募捐信息平台进行募款。在募捐信息中，公益基金会 H 列明了筹款目标、受益人数量以及采购"卫生包"的价格明细及相关项目执行费用。但是，公众很快针对"卫生包"中的某款产品是否适用于此年龄段的女孩产生了质疑；另外，"卫生包"中的某一产品在市面上品牌分类多，价格差异大，而预算明细中未对如何选购品牌及适用人群等关键信息进行说明。公众在搜索此类产品时发现各品牌价格差异大，且公益基金会 H 所列出的产品价格偏高；同时，由于"卫生包"中某一产品的特殊性（需医生诊断后使用，非日常必需品），公众对采购该产品的必要性存疑。在众多质疑声下，此公益项目被迫下线。

问题分析

公益基金会 H 运用了近些年兴起的慈善组织互联网公开募捐信息平台进行募款，但没有充分意识到互联网传播速度快、范围广，并且能够与捐赠方、媒体等直接产生互动的特点，筹款信息披露与筹款产品设计得不严谨，引发了舆论危机。

该案例中，一方面公益基金会 H 在公开发布募捐信息时，在预算披露中规范性和严谨性不足，引起公众对产品采购价格是否公允、质量是否有保证等问题的质疑。

另一方面，公益基金会 H 设计的"卫生包"项目，没有对所选产品，尤其是需要医生诊断才能使用的产品的必要性做出合理解释，招致公众对其专业性的质疑。

建议的应对方式

公益基金会 H 须主动回应公众质疑，虚心接受批评，采取实际行动回顾项目设计，检视配置的各产品的必要性与采购流程的规范性；如各产品确实必要，H 应对其合理性与必要性基于事实调查做出充分说明；如产品设计或采购流程不规范，H 应积极整改、感谢公众监督并对整改方案做出充分说明，并在后续积极跟进主动披露项目进展，以增强公众的捐赠信心。

案例四　传播准确信息，消除"诈捐"风险

基金会Ｖ发起的"帮扶贫困地区辍学女童"助学公益项目，通过互联网公开募捐信息平台进行募捐已长达三年。近日，有公众反映在项目近期反馈的照片中看到受益人中有男童，对此项目的资助对象产生了疑问，并质疑基金会Ｖ存在"诈捐"行为。当日，基金会Ｖ立即展开调查并予以回复。他们解释道：此项目始创于20世纪90年代初期，当时贫困地区范围广且辍学女童所占比例非常高。随着时代变迁，为助力决胜脱贫攻坚政策，并结合辍学男女儿童比例逐渐接近的现实情况，基金会Ｖ以为儿童群体谋福祉为宗旨，故此项目在保证大多数受益人为女童的前提下，开始部分资助男童，并承诺未来此项目的受益人将始终以女童作为资助对象，如确有需要资助男童的情况，将在筹款文案显著位置特别提示。

据某资助儿童领域的资深顾问提及，鉴于帮扶地区的文化风俗中"重男轻女"客观因素的存在，基金会在帮扶女童的同时必须帮助一名男童才能说服当地家庭允许女童继续上学。为了实现项目目标，基金会有时不得不做出一定的妥协。

问题分析

虽然项目执行地存在落后的传统观念，可能导致基金会Ｖ为实现项目目标不得不做出一定的妥协，而项目执行时间跨度大，现实情况的变化也促使基金会Ｖ调整了项目受益人范围，但是基金会Ｖ在调整项目受益人范围时仅进行了内部沟通，却没

有在公开募捐的信息及其对外传播内容中就此调整进行解释和更新，存在内外传播不一致的问题。而公众根据不准确的项目公开信息进行捐赠，没有被告知项目资金使用发生了变化，因此在发现善款使用与自身捐赠目标不一致时，对此项目或机构产生了质疑。

建议的应对方式

此案例中，基金会 V 能够快速自查并回应公众的质疑，值得肯定，但仍有需要改进和提升的地方。基金会 V 须主动对每个执行项目的传播内容在公开发布前进行审核，保证其准确性和严谨性，特别是对执行周期长的项目，筹款方须格外注意受益人群的界定、开展项目的地区范围和客观因素、项目主旨等关键信息的准确性，尤其是涉及善款使用目的与受益对象变更的关键信息，必须及时同步予以更新和充分说明。

三、无论捐赠方或潜在捐赠方捐赠与否，筹款方都必须尊重他们的自由选择，并不得以任何形式对其进行骚扰、恐吓或胁迫

（一）条款释义

在遵循中国法律法规规定的前提下，公民对自己所有的财产享有占有、使用、收益，以及按照自己意愿来处置的权利，无论捐赠方捐赠与否，筹款方都必须尊重这种权利，不得通过任何形式对捐赠方进行骚扰、恐吓或胁迫来达到逼迫、强制对方捐款的目的。

> **YES**：本条意在强调筹款方必须尊重捐赠方的自主意愿，不得胁迫或强制捐赠方捐赠
>
> **NO**：本条并非指在与捐赠方达成捐赠协议的前提下，筹款方对捐赠方进行合理恰当的督促和提醒行为。本条并非禁止筹款过程中适度采用朋辈压力等合理筹款技巧

（二）实务指引

在筹款过程中，筹款方首先须明确自己的工作角色，筹款方的第一服务对象（但不是唯一服务对象）是捐赠方，在筹款过程中应当尊重捐赠方或潜在捐赠方自由选择的权利。

首先，在筹款方与捐赠方或潜在捐赠方进行沟通的过程中，须将所涉及的捐赠项目的完整信息，包括项目内容、服务对象、捐款的主要用途、后期反馈机制等提前告知捐赠方或潜在捐赠方，让捐赠方充分了解项目后，尊重捐赠方自主自愿的选择权利，接受捐赠方捐赠或不捐赠的决定。

筹款方在采用邮件、短信、电话或面对面等方式开展筹款活动时，应当注意以下细节：

（1）邮件方式：筹款方采用发送邮件的方式开展筹款活动时，应当在邮件的底部设计是否停止接收该组织推送信息的选择按钮，让捐赠方或潜在捐赠方自主决定是否接受后续推送信息。

（2）短信方式：短信推送时应当设计回复退订功能，捐赠方或潜在捐赠方回复退订后须停止定期发送相关的推送信息，避免形成骚扰。

（3）电话方式：若采用电话的方式进行劝募，应当向捐赠方说明组织身份、感谢捐赠方曾经的捐赠行为、筹款的用途、后期项

目反馈的方式与次数等。一般在第一次电话劝募后的 6 个月内向捐赠方反馈项目进展情况，当捐赠方表示不想再进行捐赠或者不想接受电话反馈后，应当尊重捐赠方的意愿，将其移出电话联系名单。

（4）面对面劝募：筹款方首先须询问捐赠方是否愿意面谈。若能会面谈论捐赠事宜，筹款方应当就筹款的用途，执行的周期，项目反馈的内容、方式和频次等方面进行详细的说明；若捐赠方不愿意接受面谈的方式，应当尊重捐赠方的意愿。

其次，针对大额捐赠方的定制化服务。

筹款方在向企事业单位等组织或者大额个人捐赠人进行筹款时，筹款方不应建议或暗示捐赠组织向组织中的自然人采取摊派或其他的强制捐款方式。筹款方不应采取恐吓、威胁的方式胁迫捐赠方捐款，比如利用学校渠道要求家长强制捐款，或利用职级及行政手段等强制扣工资捐款等。同时，双方应对捐赠用途以及后期反馈的方式、次数等进行事前约定并签订相关协议，筹款方应当严格按照签订的协议内容执行。

最后，筹款方不得公开捐赠方的敏感信息，包括：

涉及国家秘密、商业秘密、个人隐私的信息（参照《中华人民共和国个人信息保护法》），尤其是个人敏感信息；或者易使人身、财产安全受到危害的个人信息，包括生物识别、宗教信仰、特定身份、医疗健康、金融账户、行踪轨迹等信息，以及不满十四周岁未成年人的个人信息；此外，筹款方也不得公开捐赠人、志愿者、受益人、慈善信托的委托人不同意公开的姓名、名称、住所、通信方式等信息，尤其是一些因公开会产生慈善伦理风险的信息。

（三）参考法律政策依据

1.《中华人民共和国慈善法》

第三十二条　开展募捐活动，不得摊派或者变相摊派，不得妨碍公共秩序、企业生产经营和居民生活。

第一百一十条　慈善组织有下列情形之一的，由县级以上人民政府民政部门责令限期改正，予以警告，并没收违法所得；逾期不改正的，责令限期停止活动并进行整改：

……

（九）泄露捐赠人、志愿者、受益人个人隐私以及捐赠人、慈善信托的委托人不同意公开的姓名、名称、住所、通讯方式等信息的。

慈善组织违反本法规定泄露国家秘密、商业秘密的，依照有关法律的规定予以处罚……

2.《中华人民共和国公益事业捐赠法》

第四条　捐赠应当是自愿和无偿的，禁止强行摊派或者变相摊派，不得以捐赠为名从事营利活动。

（四）案例分析与解读

案例一　尊重捐赠方的自由选择

某高净值人士S关注助学领域的慈善捐赠，长期坚持向贫困学生提供助学资金。S将某次的助学消息发在微博上后，经常被大量的个人求助信息骚扰。与此同时，一些公益慈善组织也通过微博信息联系到S，希望S关注支持组织项目。但在被S直接拒绝后，仍然有个别组织反复私信或 @S，多次要求 S 不要将钱直接捐给学生，并提醒 S 将钱捐给公益慈善组织才是真正的专业做法。由于交流时措辞不当，加上无节制的骚扰，这些行为最终引起了 S 的反感并被 S 投诉。

问题分析

筹款方在获取到潜在捐赠方的联系信息后，应当通过适当的方式与捐赠方进行联络，不应该无限制地反复向捐赠方发出劝募信息。同时，在助学和大病救助领域，依然存在大量的直接为受助对象提供捐赠资金的传统捐赠习惯。筹款方在面对此种情况时，应当尊重捐赠方的朴素捐赠意愿与认知偏好，给予友好的建议，而不是带着专业优越感反复粗暴地劝说捐赠方改变原捐赠方式，更不应该通过网络媒体等渠道对捐赠方施压来试图改变捐赠方的意愿。

建议的应对方式

筹款方如想要影响捐赠方的意愿，就应当与捐赠方建立信任关系，通常采用的是个性化的信件或面对面的交谈等有针对性的方式，重要的是在建立信任关系之后，通过合理的解释与说明，获得捐赠方的理解和支持，进而促进捐赠方改变捐赠意愿或方式。在这一过程中，如捐赠方依然坚持其原有的捐赠方式，筹款方也应当对此表示尊重。

同时，如果筹款方和捐赠方已经达成捐赠协议，区分承诺捐赠和协议捐赠中双方的权责问题则是筹款方需要重点予以关注的内容。如果捐赠方出现诺而不捐的情况（协议捐赠而未捐赠），筹款方则可以通过反复沟通，或行使协议中的权利等方式维护公益慈善事业的切实利益。

特别注意：筹款方在接触捐赠方或潜在捐赠方时须保持谨慎，要把握请求捐赠或再次劝募的时机，通过善款使用影响力报告、探访或活动等方式，与捐赠方循序渐进地建立信任关系，耐心培育捐赠方，增进其对公益慈善事业的理解与支持。在捐赠方培育工作细节上，尤其要注意避免在向捐赠方表达正式感谢之前，就发送另一筹款信息，或在间隔很短的时间内反复向同一捐赠方发起筹款。

案例二　面向企业员工进行强制派捐与逼捐

筹款方M与企业L达成初步筹款意愿，企业L计划在一年内向筹款方M所在的基金会捐赠500万元。在协商具体方案时，筹款方M考虑到企业L在全国各地分公司和员工数量众多，且营造公益文化氛围也是L的目标，于是筹款方M向企业L提出了员工筹款建议，即发动各地区员工，开展每人每月50元最低额度的捐赠活动。这一建议被企业L采纳，但在实际操作过程中，本应是企业L的员工自愿捐款的动员捐赠活动，变成了强制摊派，大多数员工每月都被强制捐赠，甚至有个别分公司直接从员工工资中扣除资金。在开展此类强制摊派捐赠4个月后，一些员工不胜其扰，将强制捐赠的通知和工资条发到微博上曝光，最终捐赠活动被叫停，并且给筹款方M所在的基金会带来了负面的舆论评价。

问题分析

《中华人民共和国慈善法》与《中华人民共和国公益事业捐

赠法》中都规定了捐赠必须是自愿和无偿的，禁止强行摊派或者变相摊派。强制捐款显然是一种违法行为，带来的社会负面影响是长期存在的，会导致作为筹款方的公益慈善组织与整个公益慈善行业公信力的下降，打击捐赠方的捐赠信心。

建议的应对方式

捐赠过程必须是自愿的、有选择的、对过程和结果问责的。筹款方在向企事业单位等组织进行筹款时，应向捐赠企业说明捐赠需求和相关法律条款，不应建议或暗示捐赠组织向组织中的自然人采取摊派或其他强制捐款方式。在设计动员企业员工捐赠的活动或计划时，筹款方应当向捐赠企业反复强调需要保障员工捐赠行为的自愿性。

同时，一些筹款活动为了动员更多的人参与，会设置富有竞赛机制的筹款小组以及对应的筹款目标。这种动员模式的设计，也应当注意在设计层面尊重捐赠方或筹款志愿者的自主意愿，设置退出机制，既能够以自愿的形式进入，也可以通过自愿的形式退出，并给予所有已经尽力的筹款志愿者或捐赠方充分的感谢与尊重。在筹款小组未能如期实现目标时，筹款方应当友好沟通并给予正向支持与激励，避免采用指责的态度。如活动本身设置有最低筹款额的要求，应当在流程上以多环节告知的形式反复确保参与者在自愿报名的情况下，明确知晓这一最低筹款额要求，以及设置最低筹款额的原因和未能达到最低要求的处理措施，并在告知处理结果时应当注意措辞。

案例三 借助筹款活动强制员工参与的逼捐行为

每年腾讯公益的"99公益日"、阿里巴巴公益的"95公益周"和"中华慈善日"等活动期间，大型互联网公开募捐信息平台都会有一定比例的配捐。企业S由于今年计划以自身企业社会责任的品牌公益项目参与"99公益日"，便在"99公益日"的相关活动还没有正式开始时就下发通知让员工提前做好准备，要求员工在"99公益日"期间每天必须定时定点捐赠99元，并将员工的捐赠行为与其绩效考核绑定，从而保证企业的品牌公益项目能得到更多的企业配捐与腾讯公益配捐金额。

问题分析

在该案例中企业S没有充分尊重员工自主自愿参与公益的原则，《中华人民共和国慈善法》第一百一十一条规定："慈善组织开展募捐活动有下列情形之一的，由县级以上人民政府民政部门予以警告，责令停止募捐活动；责令退还违法募集的财产，无法退还的，由民政部门予以收缴，转给其他慈善组织用于慈善目的；情节严重的，吊销公开募捐资格证书或者登记证书并予以公告，公开募捐资格证书被吊销的，五年内不得再次申请：……（二）向单位或者个人摊派或者变相摊派的……"企业S的做法属于涉嫌强制员工捐赠的违法行为。

建议的应对方式

企业S在下发通知的时候，必须避免使用强制性话语强制员工准时准点给企业指定的项目捐赠，而应当采取倡议的方式鼓励企业员工自主自愿捐赠，并号召企业员工持续关注后期项目的进展情况和结果。例如，企业可以采用鼓励的方式，为员工提供企业配捐的额度，鼓励员工从符合企业社会责任支持的范围内的公益慈善伙伴组织机构的项目池中自主选择捐赠项目，以激励员工完成捐赠行为。

案例四　以政策为借口，强制地方企业派捐

M县扶贫办开展了"企业定点帮扶贫困户"工作，并进行排名通报，其中L镇排名垫底。于是，为了尽快提升排名，L镇的领导班子决定对未开展帮扶的30家企业进行游说捐赠，小企业不低于10,000元，大企业不低于50,000元。随后，L镇负责此事务的主管召集了相关企业举行现场捐款，并表示只收现金且不提供收款证明，对于未到现场进行现金捐赠的企业则在后续通过走访、电话沟通等方式催捐。

问题分析

随着乡村振兴战略的提出及中央明确"第三次分配"是收入分配制度体系的重要组成部分之一，某些基层单位将此方针作为政治任务采取不恰当的方式予以推进，如案例中的L镇。"第三次分配"的实质是社会主体自主自愿参与，以促进公益慈善事业的发展和改善财富分配格局的方式。而L镇对于30家企业的游说捐赠行为属于强行摊派，不仅与"第三次分配"的实质相左，更是违反了禁止强行摊派或者变相摊派的法律规定。所以，L镇的做法不仅违反了尊重企业的自主选择权的原则，还须面临相应的法律处罚。

《中华人民共和国慈善法》第一百一十一条明确指出："慈善

组织开展募捐活动有下列情形之一的，由县级以上人民政府民政部门予以警告，责令停止募捐活动；责令退还违法募集的财产，无法退还的，由民政部门予以收缴，转给其他慈善组织用于慈善目的；情节严重的，吊销公开募捐资格证书或者登记证书并予以公告，公开募捐资格证书被吊销的，五年内不得再次申请：……（二）向单位或者个人摊派或者变相摊派的……"因为政府已经通过税收获得大量资金，本身就有开展扶贫工作的义务与职责要求。

建议的应对方式

（1）L镇必须叫停这种强行摊派行为。

（2）L镇要充分学习和正确认识中央政策的精神和实现路径，须遵守相关的法律规定和要求，及时调整行动方案。如，取消强制捐赠和设定摊派捐赠额度的行为，而是专注于调动企业自愿自主地参与到当地的发展和建设中来。最后，对于企业而言，《中华人民共和国慈善法》第三十二条规定"开展募捐活动，不得摊派或者变相摊派，不得妨碍公共秩序、企业生产经营和居民生活"，企业有权利拒绝该变相要求的强行摊派捐赠任务。

四、无论捐赠方是否表示希望将捐赠用于特定的服务或项目，筹款方都应当遵循符合法规与提高慈善财产使用效益的原则，尊重捐赠方的公益慈善意愿

（一）条款释义

在遵循国家法律法规和公益效能的原则下，捐赠方有权选

择定向捐赠项目或者获得相关服务。具体而言，包括两个层面的含义：

（1）当捐赠方对捐赠有明确的用途和规划时，筹款方应当给予重视并对其进行合理的评估。筹款方对于定向捐赠的要求要有一定的判断和鉴别能力，应判定其捐赠行为是否合法合规，是否符合公益性、合理性和公益效能原则。如符合，筹款方应当尊重捐赠方的意愿并以此为目标积极推进。这并不意味着筹款方对捐赠方的所有意见都应一味遵从，而是基于共同公益目标情况下对捐赠方的尊重。当捐赠方的选择不是最有效的方式，没有充分发挥公益价值时，筹款方应当尽力与捐赠方充分沟通说明，让捐赠方在知晓真实情况后做出更合理的选择。

如出现无法满足捐赠方捐赠意愿的情况，筹款方应当从组织的使命、业务范围出发，遵循合法性、公益性和合理性原则，与捐赠方共同沟通以期达到公益性捐赠用途，若沟通无法达成一致，出现与公益意图相背离的情况，筹款方应当拒绝接受捐赠，否则将影响到组织的公益性，甚至危及组织的品牌和公信力。

（2）当捐赠方对捐赠没有明确的用途和规划时，筹款方也应当发挥和履行培育捐赠方的责任。在接收捐赠前，筹款方应当向捐赠方介绍组织的使命和宗旨、业务范围等，为捐赠方提供捐赠用途的规划建议。在接收捐赠之后，筹款方应当定期向捐赠方反馈捐赠的使用情况。

> **YES**：本条主要强调在合法合规与遵循公益性原则的情况下，捐赠方拥有指定捐赠用途的权利，筹款方有服务与培育捐赠方的责任与义务
>
> **NO**：本条并非指筹款方应当一味听从捐赠方的所有意见。面对不恰当的捐赠意图，筹款方应当本着合法合规与遵循公益性原则的前提，与捐赠方充分沟通给出优化建议，或直接拒绝接受有违公益慈善意图的捐赠以保护机构公信力

（二）实务指引

在实际的筹款过程中，面对捐赠方的资金定向使用意愿，筹款方应当注意以下几方面：

（1）注意捐赠方的意愿是否符合公益性原则。常见的不符合公益性原则的要求包括但不限于：

① 指定捐赠方的利害关系人为受益方；

② 指定善款用于购买捐赠企业自身或利益相关方的产品或服务，或指定善款用于补贴受益方购买捐赠企业自身或利益相关方的产品或服务；

③ 指定善款用于变相开展利益输送的活动，如组织利益相关方到海外考察；

④ 指定善款用于企业自身商业品牌的传播活动或商业广告的支出等。

（2）注意捐赠方的意愿是否具有合理性。即便捐赠方的意愿符合公益性原则，但如捐赠意愿不合理，也将造成社会资源的浪费。在此种情况下，筹款方应当尽力与捐赠方充分沟通，为捐赠方提供合理的优化建议或替代方案。

（3）关注捐赠的公益效能。这并非简单地从金钱的投入与

产出效益比来评判，而是根据捐赠产生的社会价值和受益方获得的改变进行综合考虑。筹款方应当从公益效能角度为捐赠方提供更优质的捐赠方案，而非一味迎合捐赠方的意愿。但在沟通过程中，需要注意确保沟通方式与语言表达符合捐赠方对公益慈善的认知，如捐赠方的意愿合法合规合理，即便可能并未发挥最大的公益效能，筹款方也应当尊重捐赠方对公益慈善的理解，不以专业身份过度干预捐赠方的选择权利，而是通过持续的捐赠方培育工作逐步影响捐赠方加深对公益慈善的理性认知。

（三）参考法律政策依据

1.《中华人民共和国慈善法》

第四十条　捐赠人与慈善组织约定捐赠财产的用途和受益人时，不得指定或者变相指定捐赠人的利害关系人作为受益人。

2.《中华人民共和国公益事业捐赠法》

第五条　捐赠财产的使用应尊重捐赠人的意愿，符合公益目的，不得将捐赠财产挪作他用。

第十二条　捐赠人可以与受赠人就捐赠财产的种类、质量、数量和用途等内容订立捐赠协议。捐赠人有权决定捐赠的数量、用途和方式。

（四）案例分析与解读

案例一　提高慈善捐赠财产使用效益

企业 M 通过基金会 U 在西部山区的一所中学捐资修建了一个游泳池。企业 M 原本是希望学校能够有一个让学生游泳健身的地方，但是修建后不到一年游泳池就被闲置了，没有发挥任何作用。追问学校闲置的原因，学校解释说根本"养不起"游泳池，游泳池的换水、卫生清洁与维护工作都需要投入大量的资金。

问题分析

捐资修建游泳池本身是一件好事，但企业 M 没有考虑到学校无力承担后续维护与运营游泳池的成本，作为中间方基金会 U 未履行为筹款方提供专业建议的义务，最终造成了公益资源的浪费。企业 M 的捐赠没有发挥出实际作用，而基金会 U 的公信力也因其专业性不足受损。

建议的应对方式

（1）当企业 M 提出捐赠游泳池的意愿时，基金会 U 应当先对学校的需求进行评估，了解学校对于游泳池的需求情况和学校后续的维护与运营的可行性。

（2）了解相关情况后，基金会 U 可以与企业 M 进行充分沟通，调整捐赠预期，使其能够符合学校的实际需求，且具有足够的可行性。

（3）若企业 M 执意捐赠游泳池，基金会 U 可以更换项目点为有真实需求与后续运营维护能力的学校提供游泳池，或说服企业 M 为学校提供持续的后续维护与运营资金。

案例二　慈善捐赠也要"因地制宜"

小 A 在一家环保公益慈善组织负责筹款工作。近期小 A 为荒漠化防治的种树项目到企业 H 筹款。企业 H 非常愿意资助种树项目，但是企业 H 提出了在项目地种杨树的要求，其认为杨树生长得快，一到两年就可以长大，成果显著便于宣传。但西北地区严重缺水，并不适合种植杨树这种需水量大的植物。虽然短期内效果很好，但从长远看会破坏土壤的保水性以及本地树种的生长环境。如果拒绝种杨树，企业 H 就可能不会进行捐赠。

问题分析

该案例中企业 H 的捐赠意图并不符合当地的实际情况，当地土壤并不适合种植杨树，而企业 H 却因为杨树生长快而忽视了环境适应性，这样会破坏当地生态。企业 H 要求种植生长快的杨树的目的在于满足其宣传需求，这不属于公益慈善诉求，并与小 A 所在机构保护环境的慈善目的相悖。

建议的应对方式

（1）小 A 应当尽力跟企业 H 进行充分沟通，向企业 H 阐明杨树对当地环境的破坏违背了荒漠化防治的初衷，建议种植更符合当地环境的树种，并说明理由，以及目前取得的项目成效，力图以专业性说服企业 H。

（2）若企业 H 坚持要种成效快的树种以获得更好的宣传效果，小 A 可推荐组织其他可能符合企业 H 需求又能满足环保目标的植树项目点。

（3）若企业 H 坚持在荒漠化防治项目点种植杨树，小 A 则应明确拒绝接受该笔捐赠。

案例三　公益项目善款使用变更

基金会 K 是一家开展儿童大病救助服务的基金会，经常接收到社会中对于大病儿童的定向捐赠。P先生在网上看到了大病儿童R的救助信息，恰好R是P先生家乡的儿童，于是P便定向给R捐赠了5万元救助金，言明限定给R的治疗费用。R的个案在当时已经属于募款后期，最终在各方捐赠和医保报销等的支持下，在R结束治疗后，P先生的捐赠款还剩余近1万元。P先生希望退回这部分资金，但基金会K表示无法退回，理由是项目救助信息中有文字说明这部分多出来的费用将转用到类似的其他儿童救助项目中。但P先生表示捐赠时并没有注意到这部分信息，基金会K也没有明确告知他多出来的经费无法退还。

问题分析

首先，基金会K未对大额定向捐赠是否超出受益人资金筹集需求做出评估与核准。在儿童R的个案筹款属于募款尾声，而P先生的捐赠金额较大时，筹款方没有根据动态筹款情况对捐赠款项是否会超出受益人需求做出评估和核准。

其次，基金会K未与捐赠方P先生就定向捐赠细节进行充分沟通。P先生的捐赠金额较大，且注明定向捐赠。尽管基金会的救助项目文字说明了对超出部分的捐款的处理方式，但这一处理方式显然与P先生的定向捐赠意愿相冲突。因此，基金会也需要事前将针对受益人R的筹款进度和整体计划向P先生进行沟通与说明，并且和P先生对于可能的剩余资金的后续用途达成一致意见。

建议的应对方式

基金会K应当在尊重P先生的前提下，就事前沟通不足的问题向 P 先生表示歉意，委婉说明捐款一旦捐出即属于社会财产不可退回，并进一步和 P 先生对于剩余的捐赠款项进行用途上的沟通，而不是理直气壮地直接移作他用。基金会 K 可以与 P 先生就其捐赠意愿进行详细沟通，如是否希望帮助自己家乡的其他儿童，或仍希望支持儿童 R 后续的复查及康复费用等，并在双方意见达成一致的前提下妥善处理剩余捐赠款项。

案例四　低效使用慈善资产

某企业基金会 C 花费 100 万元从其公司总部购买了一个数据库系统，计划用于捐赠人服务。但基金会 C 在购买后发现该数据库并没有什么功能或价值能够实现其目的。在基金会 C 年度财务报表中，标注这笔交易的购买资金来自捐赠人的非限定性捐赠。

问题分析

基金会 C 用公益捐赠资产购买昂贵的数据库，但该产品没有发挥实际效用，这一行为存在滥用慈善资产的嫌疑。

《中华人民共和国慈善法》第六十一条规定："慈善组织应当积极开展慈善活动，遵循管理费用、募捐成本等最必要原则，厉行节约，减少不必要的开支。"若购买的数据库与其开展的业务关联性极低，那么，基金会 C 的行为同时涉嫌违背本书第二章第四节第一小节中"筹款方必须遵守开展筹款活动所在国家法律中关于组织形式、业务活动和筹款活动的规定"的条款。

建议的应对方式

公益慈善组织在使用慈善资产时，必须根据实际需要进行评估。尤其在面对价格高昂的数据库产品时，公益慈善组织必须围绕购买该数据库的必要性和用途开展事先的评估与论证，以确保最终能够高效使用慈善资产；若无法论证购买数据库的必要性，则不建议购买如此昂贵的非必要性资产，可先要求试用，或是待机构已实际开展捐赠人服务、更加明确对数据库的使用需求后再予以考虑，以避免造成公益慈善资产的浪费；否则有可能引起公众对组织公益性的质疑，损害机构公信力。

五、当捐赠方的非公益慈善诉求与受益方或行业利益相冲突时，筹款方应当以公益慈善目的为最高原则，妥善回应捐赠方的不恰当诉求

（一）条款释义

本条款主要包含两方面的含义：

1. 捐赠方的非公益慈善诉求

非公益慈善诉求主要包括捐赠方以公益为名义谋求不恰当个人/企业利益的行为。如：

（1）借助公益名义进行产品推销、传销或者行骗；

（2）利用公益慈善组织背书进入社区或者学校开展不当商业活动。

2. 最高公益慈善目的原则

筹款方在筹款过程中应当以公益慈善目的为最高原则，公益慈善目的应当符合合法性、公益性和社会性三方面的原则。

> YES：本条意在强调筹款方应对捐款方的诉求进行合理的判断分类，区分捐赠行为与其他有回报的商业交换的行为，鉴别出其中是否存在破坏原本的商业市场秩序、危害社会的风险，保障组织本身的公信力和捐赠的公益性

> NO：本条所指的非公益慈善诉求并不包括对于捐赠方合法合规合理的致谢、冠名等捐赠人维护或服务行为

（二）实务指引

在实际工作场景中，筹款方容易遇到的非公益慈善诉求可能包括但不限于：

1. 捐赠方借助公益项目的市场营销行为

企业捐赠实物时，筹款方需要通过多种渠道了解物资的实际价值（市场价格），以及是否为捐赠地区或对象所需要的物资，并且考虑该物资捐赠的后续是否会有跟进定向推销或者占领市场等行为，例如某些慢性病的新药推广，虽然看似买一赠多的捐药行为，实际上药企作为捐赠方的重要目标之一是提高新药的市场占有率。

2. 捐赠方指定有利害关系的关联方为受益人的行为

企业捐赠资金时，指定要求在公益慈善组织合作的社区与学校开展员工志愿者活动，活动内容为免费体验该企业的产品与服务。筹款方面对此类诉求应当保持警惕，应仔细鉴别该诉求是否为以获取潜在用户为目标的变相的商业市场推广诉求。但需要说明的是，指定关联方为受益人的情况往往容易与关联交易的情况混杂在一起，需要筹款方在面对此类问题时，先将问题的相关主体直接的互动行为进行拆分，梳理其中的行为逻辑来判断问题类

型。同时，并非所有的关联方都不能成为项目的受益人，一些关联方也属于典型的边缘化群体或弱势群体时，也可以纳入项目的受益人范围中，但需要尽可能保持项目受益人的开放度，不仅仅限定在关联方的群体里。例如，外卖平台"饿了么"和中华慈善总会联手推出的"骑士关爱项目"，可以为不同平台的外卖配送员提供家人大病救助金，该项目并非只为"饿了么"的外卖配送员提供救助，也包括其商业竞争对手"美团"的配送员。

3. 捐赠方以公益参与为名，进行了不适宜的品牌宣传行为

企业捐赠资金时，要求接受捐赠的公益慈善组织定期组织企业员工以志愿者的形式参与活动，进入公益项目的运作场景中共同开展活动，对于这种联合活动的开展，筹款方也应当进行公益性以及服务专业性的管理，不能以捐赠人服务或联合活动的名义，降低对慈善项目本身运作的质量要求。例如，某捐赠企业带领员工志愿者参与公益慈善组织的社区老年活动项目，但该企业背景为保险公司、P2P平台、金融理财公司、保健品公司、医药公司，进入社区参与活动时，总是不能遵照项目要求，并且还不时向社区老年服务对象推广企业品牌。对于这种情况，从风险控制和服务质量两方面考虑，筹款方应当婉拒捐赠方提出类似不适宜的品牌宣传要求。

4. 捐赠方要求资金直接或变相用于自身业务开展的行为

一些企业在捐赠之后，对于项目内容设计和行动路径提出各种要求，甚至一些情况下会修改公益慈善组织的项目目标，要求公益慈善组织将其捐赠资金主要用于与企业业务相关联的目标，

而这些目标实际上又与企业开辟新的业务市场或研发商业产品有关。对于这种诉求，筹款方应予以拒绝。例如在一些教育类项目中，捐赠方强硬要求公益慈善组织必须使用其提供的培训产品或在线教育平台，而无视公益慈善组织在设计该项目时的内在需求，且不接受协商，其实际目的就是想通过这笔公益资助，间接完成对于其新产品的用户测试。

5. 捐赠方借助公益项目开展受益人数据信息采集的行为

一些捐赠方在公益项目结束之后，会要求筹款方转交受益人的相关数据，如果筹款方在未进行个人数据脱敏处理或征得相关人员的知情同意的前提下，就将这些数据信息发送给了捐赠方，那么其行为违反《中华人民共和国个人信息保护法》。需要说明的是，因为透明慈善以及合规审计的要求，公益慈善组织往往掌握了大量的受益人基础数据和身份信息，这些数据在公益慈善组织看来可能没有什么价值，但并不意味着这些数据在商业领域就没有可挖掘的价值。个人信息的保护，不能以数据在当下所在机构有没有价值来判定，而是要严格遵照信息的分类来处理。例如在信息分类中，一旦泄露或者被非法使用，容易导致自然人的人格尊严受到侵害或者人身、财产安全受到危害的是敏感的个人信息，包括生物识别、宗教信仰、特定身份、医疗健康、金融账户、行踪轨迹等信息，以及不满十四周岁未成年人的个人信息。

（三）参考法律政策依据

1.《中华人民共和国慈善法》

第四十条　捐赠人与慈善组织约定捐赠财产的用途和受益人

时，不得指定或者变相指定捐赠人的利害关系人作为受益人。

任何组织和个人不得利用慈善捐赠违反法律规定宣传烟草制品，不得利用慈善捐赠以任何方式宣传法律禁止宣传的产品和事项。

2.《中华人民共和国个人信息保护法》

第九条　个人信息处理者应当对其个人信息处理活动负责，并采取必要措施保障所处理的个人信息的安全。

第十条　任何组织、个人不得非法收集、使用、加工、传输他人个人信息，不得非法买卖、提供或者公开他人个人信息；不得从事危害国家安全、公共利益的个人信息处理活动。

第十四条　基于个人同意处理个人信息的，该同意应当由个人在充分知情的前提下自愿、明确作出。法律、行政法规规定处理个人信息应当取得个人单独同意或者书面同意的，从其规定。

个人信息的处理目的、处理方式和处理的个人信息种类发生变更的，应当重新取得个人同意。

3.《关于公益性捐赠税前扣除有关事项的公告》

八、公益性社会组织存在以下情形之一的，应当取消其公益性捐赠税前扣除资格，且取消资格的当年及之后三个年度内不得重新确认资格。

（一）违反规定接受捐赠的，包括附加对捐赠人构成利益回报的条件、以捐赠为名从事营利性活动、利用慈善捐赠宣传烟草制品或法律禁止宣传的产品和事项、接受不符合公益目的或违背社会公德的捐赠等情形；

（二）开展违反组织章程的活动，或者接受的捐赠款项用于组织章程规定用途之外的；

（三）在确定捐赠财产的用途和受益人时，指定特定受益人，且该受益人与捐赠人或公益性社会组织管理人员存在明显利益关系的。

（四）案例分析与解读

案例一 莫将市场推广活动当成公益项目

某健康行业的企业 A 找到基金会 H，支持基金会 H 在社区建设健康驿站，但要求在健康驿站中为社区中老年人提供一些健康养生知识培训、组织社区讲座，并开展老年人健康养生理疗按摩等活动（前 8 次免费，后面收取一定费用）。在此过程中，企业 A 要求对其捐赠的健康驿站进行冠名，并且在驿站设置其健康产品的专门展示区和社区宣讲培训，同时安排一名企业的理疗专家定期到社区开展活动。

问题分析

社区一直是许多企业试图进驻的场所，而公益活动本身容易让社区居委会和居民降低警戒心从而产生信任。从行动上来看，企业 A 主要是借助"公益"的名义进入社区进行市场推广：产品展示、宣讲培训及后续安排，都是到社区挖掘潜在客户的商业推广行为。这些行为已经干扰到公益活动秩序，并且存在让社区居民因参与公益而"受骗"的风险，威胁基金会的公信力。

建议的应对方式

（1）基金会 H 在接受捐赠前，要进行专业的鉴别以判断其是不是以公益的名义进行市场推广。在与企业进行充分沟通后，若企业依然坚决表示要保留上述附加的市场推广条件，则基金会 H 必须拒绝接受捐赠；若接受该捐赠，则需要拒绝附加的各种商业目的条款，包括商品展示推销、企业社区宣讲等商业推广活动，并且社区健康驿站不应开展任何商业行为，而是应当基于该社区居民本身的健康需求匹配相关的公益活动。

（2）在冠名方面，也建议基金会 H 不进行捐赠方的冠名（由于捐赠方本身是健康企业，容易误导居民），而是用其他适当的方式体现并感谢捐赠方，在双方沟通后达成一致并签订相应的捐赠协议。

案例二　搭公益便车的企业公关活动

企业 B 资助文化艺术领域的基金会 D 开展了一项跨国文化交流活动。在项目执行过程中，企业 B 要求基金会 D 将交流活动安排在企业 B 的一个会所内举行，并要求基金会 D 的邀请对象除了部分文化艺术领域的知名人士之外，主要为与企业 B 合作或熟悉的企业家等，同时企业 B 还要求在日程中安排单独的环节进行企业宣传等活动。

问题分析

该行为很大程度上属于企业的公关行为。在此过程中，企业 B 将其关联方作为项目直接的受益对象，并且在活动中增加了企业宣传环节，即使该活动本身具有文化交流的性质，但整体上更符合企业的利益需求，属于服务企业 B 的公关活动。

建议的应对方式

基金会 D 需要与企业 B 积极协商，将企业 B 作为该交流活动的主要捐赠方给予相应的活动参加名额、公益理念演讲环节等合理但有限的权益，但仍然应当基于基金会的使命与该项目的公益性目标，邀请符合活动目标的人群参与，将该活动打造为促进艺术文化交流的公益活动，而不是企业 B 的客户回馈活动。

案例三　公益与市场推广行为的边界

外资药企 C 向基金会 S 捐赠了价值 3 亿元的抗癌药物。在捐赠过程中，药企 C 要求医院的患者必须先买 3 个月药物后，才能得到 3 个月的免费药品。经过基金会 S 调查，该药品属于药企 C 新研制的药品，且一旦服用，可能会产生依赖性。同时，基金会 S 针对患者没有一套明确的资助筛选标准，也不负责招募受益人，而是由药企 C 直接提供药品购买者名单，而且药品均通过医院直接发放，发放渠道与流程与患者自费购买高度一致。

问题分析

此类做法在事实上混淆了公益行为与市场行为。药企 C 与基金会 S 协定，患者须自费购买 3 个月药品，基金会 S 才能相应无偿提供等量的药品，在事实上形成了"买一赠一"的促销行为，并且该药品不仅是新药而且有依赖性，借助公益名义推广有助于药企 C 占领市场。虽然对于患者来说，其获得了 3 个月的赠药，但这与其他买一赠一的商业优惠没有本质区别。此外，药企 C 还能够通过捐赠获得税收优惠。

建议的应对方式

基金会 S 需要与药企 C 谈判，要求企业改为捐赠研发成熟、具有良好口碑的药物，同时不应附加患者购买才可赠药的促销要求。对于会产生依赖性的药品，基金会 S 应当要求捐赠企业一旦捐赠，就需要负责患者的整个疗程或是为患者终身免费赠药。

案例四　商业活动与公益宣传的边界

企业 D 是一家食品公司，向基金会 M 捐赠了 100 万元用于资助山区的留守儿童营养午餐服务项目，基金会 M 同意与企业 D 以冠名方式达成合作，成立了"企业 D 留守儿童营养午餐项目"，为期两年。但是在基金会 M 执行项目的地区，企业 D 将资助儿童的照片印在传播资料甚至是产品包装上，对其食品进行大肆的商业宣传，尤其在地推时，更是处处标榜自己是爱心商家，导致基金会 M 的项目受到公众的质疑。公众认为基金会 M 是以为企业 D 推销为目的而非以公益服务为目的。原本跟基金会 M 合作的很多学校选择退出，导致基金会 M 的公信力受到很大的影响。

问题分析

（1）以冠名方式达成的公益合作并不等同于商业领域中的"买断"行为，企业 D 将受益人信息作为推销和宣传的工具的做法违背了公益性原则。

（2）基金会 M 与企业 D 达成合作之前，没能及时判定清楚企业 D 的捐赠动机，同时也没有就此公益项目中双方的义务进行明确界定，导致此公益项目最后沦为企业推销宣传的工具，严重损害了基金会 M 的形象和公信力，甚至影响到了整个公益行业。

（3）企业 D 将受资助儿童的肖像作为宣传资料大肆使用的做法侵犯了受益方群体的隐私权，而基金会 M 未及时发现并予以制止。这一做法同时违背了本书第二章第四节第三小节"对受益方的责任"中"筹款方必须尊重其受益方，在筹款传播或相关材料的信息使用中，应当遵循知情同意的原则，优先保护受益方的个人隐私，维护他们的尊严"的条款。

建议的应对方式

（1）对于企业 D 侵害儿童隐私权和肖像权的行为，基金会 M 应当第一时间予以明确制止并要求企业 D 公开道歉，必要时应诉诸法律让企业 D 承担相应的责任。

（2）未来面对该类捐赠时，基金会 M 应当提前基于公益性原则和组织使命拟定公益合作协议条款，明确具体的行为边界，拒绝违背组织公益使命的合作要求；同时，定期收集合作公益项目相关的市场信息并对非公益性行为保持一定的敏感度，若发现有违反公益性原则的行为，应立即协商制止，必要时可立即终止合作。

六、筹款方必须主动向捐赠方提供有关捐赠使用情况及其影响力方面的清晰的信息。当捐赠方希望了解其捐赠用途时，筹款方应当及时予以合理回应

（一）条款释义

该条款包含两方面的含义：

（1）筹款方应主动对捐赠方提供善款流向，需要区分公开募捐与定向筹款的不同情况来处理。慈善组织需要详细参考《慈善组织信息公开办法》。

（2）公开的信息应包括善款的使用内容、可查询的渠道以及影响力。

捐赠方有权利知晓自己的捐赠用途，一般在筹款方组织筹款时，筹款方应当有明确的筹款用途以供捐赠方选择并决定是否捐赠。在捐款后，捐赠方有权利知道捐款的使用情况，筹款方须提供真实清晰的善款流向，包括项目基本情况、财务报告、项目受益报告等有支撑力与证明性的材料。

在公开披露的渠道方面，筹款方须在捐赠时说明可查询捐赠使用情况的公开渠道，包括：民政部指定的各大慈善组织互联网公开募捐信息平台、统一信息平台，以及慈善组织自有的官网、微信公众号等，让公众知晓以便查询和监督。

除了公开善款的使用情况，筹款方对捐赠方还应当提供影响力相关的信息反馈，说明项目成效。影响力相关的信息反馈可有多种形式，如专业的评估报告、翔实的项目故事与统计数据分析报告等。

对于签订了捐赠协议的大额捐赠方，在公众反馈的基础信息上，筹款方应当严格按照协议约定的条款，为捐赠方提供详细的捐赠使用情况与影响力反馈。

（3）在捐赠方提出希望了解捐赠用途时，不论其捐赠数额大还是小，筹款方都应当予以耐心、合理的回应。

> **YES**：本条意在强调捐赠方对善款用途与影响力拥有知情权，筹款方应对捐赠的使用情况做真实有效的说明，应提供公开查询的渠道接受外界监督
>
> **NO**：本条所指的善款用途的公开是指在合法合理的范围内公开，而不是全部公开，例如其中涉及受益方隐私的相关信息就不能完全公开

（二）实务指引

筹款方应当在《慈善组织信息公开办法》基础上，做到面向公众（包括社会公共层面的捐赠人）主动的公开透明和信息反馈，面向大额捐赠人的个性化反馈。这两个方面具体如下：

1. 公开透明和信息反馈

（1）公开募捐活动及项目

公开募捐活动结束后 3 个月内须在国务院民政部门建立的统一信息平台公开下列信息：

① 募得款物情况：已经使用的募得款物的用途，包括用于慈善项目和其他用途的支出情况；尚未使用的募得款物的使用计划。项目实施周期超过 6 个月的，至少每 3 个月公开一次项目实施情况。

② 慈善组织在设立慈善项目时，应当在统一信息平台公开该慈善项目的名称和内容，慈善项目结束后，应当公开有关情况。慈善项目终止后 3 个月内，须在统一信息平台向社会公开慈善项目实施情况，包括但不局限于：项目名称、项目内容、实施地域、受益方群体、来自公开募捐和其他来源的收入、项目的支出情况，项目终止后有剩余财产的还应当公开剩余财产的处理情况。

（2）非公开募捐活动及项目

慈善组织开展定向募捐的，应当及时向捐赠方告知募捐情况、捐赠款物管理使用情况。捐赠方要求将捐赠款物管理使用情况向社会公开的，慈善组织应当向社会公开。

（3）慈善组织本身信息

所有的慈善组织都需要公开其基本信息和联系方式、年度工作报告和财务会计报告、公开募捐情况、慈善项目有关情况、慈善信托有关情况、重大资产变动及投资、重大交换交易及资金往来、关联交易行为等情况。慈善组织可以在统一信息平台，组织自有的官网、微信公众号、微博、项目募捐平台等对项目的善款使用情况、财务报告进行披露。

2. 针对大额捐赠人的个性化反馈

对于大额捐赠人，筹款方应当严格按照事前签订的协议进行相关信息的披露与反馈。对于不同类别的捐赠方提供对其较为合适的反馈服务，积极主动地为其提供可信、专业与可参与的反馈和相关服务。

同时，当采用点对点的公开方式时（一般在大病救助和助学领域比较常见），筹款方应注意捐赠方有权知道受益方的基本情况，但不应直接提供受益方的联系方式。

需要特别说明的是，公开透明对于慈善组织来说不是倡议，是明确的法律责任要求。《慈善组织信息公开办法》规定："慈善组织不及时公开应当公开的事项或者公开的事项不真实的，任何单位或者个人可以向民政部门投诉、举报。"民政部门可以要求慈善组织就信息公开的相关事项做出说明，必要时可以进行约谈，并向社会公开。

慈善组织如发生与信息公开相关的违法违规行为，有关机构也将依据《中华人民共和国慈善法》第一百一十条、一百一十五条、一百一十八条，以及《慈善组织公开募捐管理办法》第二十三条等有关规定进行处罚，这包括：

（1）由民政部门予以警告、责令限期改正。

（2）逾期不改正的，责令限期停止活动并进行整改。

（3）经依法处理后一年内再出现前款规定的情形，或者有其他情节严重情形的，由民政部门吊销登记证书并予以公告。

（三）参考法律政策依据

1.《慈善组织公开募捐管理办法》

第十九条　慈善组织应加强对募得捐赠财产的管理，依据法律法规、章程规定和募捐方案使用捐赠财产。确需变更募捐方案规定的捐赠财产用途的，应当召开理事会进行审议，报其登记的民政部门备案，并向社会公开。

2.《中华人民共和国慈善法》

第三十七条　自然人、法人和非法人组织开展演出、比赛、销售、拍卖等经营性活动，承诺将全部或者部分所得用于慈善目的的，应当在举办活动前与慈善组织或者其他接受捐赠的人签订捐赠协议，活动结束后按照捐赠协议履行捐赠义务，并将捐赠情况向社会公开。

第四十二条　捐赠人有权查询、复制其捐赠财产管理使用的有关资料，慈善组织应当及时主动向捐赠人反馈有关情况。

慈善组织违反捐赠协议约定的用途，滥用捐赠财产的，捐赠人有权要求其改正；拒不改正的，捐赠人可以向县级以上人民政府民政部门投诉、举报或者向人民法院提起诉讼。

3.《中华人民共和国公益事业捐赠法》

第二十一条　捐赠人有权向受赠人查询捐赠财产的使用、管理情况，并提出意见和建议。对于捐赠人的查询，受赠人应如实答复。

4.《慈善组织信息公开办法》

第七条　慈善组织开展公开募捐活动，应当在募捐活动现场或者募捐活动载体的显著位置，公布组织名称、公开募捐资格证书、备案的募捐方案、联系方式、募捐信息查询方法等，并在统一信息平台向社会公开。慈善组织与其他组织或者个人合作开展公开募捐的，还应当公开合作方的有关信息。

慈善组织通过互联网开展公开募捐的，应当按照有关规定发布募捐信息。

第八条　具有公开募捐资格的慈善组织开展公开募捐活动，应当在公开募捐活动结束后3个月内在统一信息平台公开下列信息：

（一）募得款物情况；

（二）已经使用的募得款物的用途，包括用于慈善项目和其他用途的支出情况；

（三）尚未使用的募得款物的使用计划。

公开募捐周期超过6个月的，至少每3个月公开一次前款第（一）、第（二）项所规定的信息。

第九条　慈善组织在设立慈善项目时，应当在统一信息平台公开该慈善项目的名称和内容，慈善项目结束的，应当公开有关情况。

具有公开募捐资格的慈善组织为慈善项目开展公开募捐活动的，还应当公开相关募捐活动的名称。

慈善项目由慈善信托支持的，还应当公开相关慈善信托的名称。

（四）案例分析与解读

案例　公开捐款使用情况既要主动又须及时

捐赠方 L 向基金会 D 捐款 50 万元用于资助农村地区小规模饮用水维护工程，为期一年。一年后，捐赠方 L 在基金会 D 的官网查询时并未查到该项目的资助信息、项目的进展情况和资金使用情况，也没有收到基金会 D 的相关反馈，于是开始质疑基金会 D 对其善款的使用。捐赠方 L 主动联系基金会 D，基金会 D 的负责人向其解释善款已经基本使用完，但项目情况等资料目前还处于整理阶段，故没有公开项目进展和资金信息。

问题分析

由于基金会 D 没有及时在官网等公开项目进展情况和资金的使用情况，同时基金会 D 也没有向捐赠方 L 进行及时的反馈和沟通，从而导致捐赠方 L 无法获取项目进展与善款使用信息而产生误会，不利于基金会 D 的长远发展和公信力的建设。

建议的应对方式

（1）基金会 D 应在基金会的官方渠道上，及时公开项目进展情况以便捐赠方 L 查询，或者为捐赠方 L 主动提供定期的项目反馈。

（2）如果无法及时公开信息，或需等到项目结项后才方便反馈，应提前告知捐赠方 L 预计的反馈时间及内容，给捐赠方 L 恰当的预期或心理准备。

七、筹款方必须尊重捐赠方的权利，在维护受益方尊严的前提下，应当遵照捐赠方关于传播和捐赠方个人隐私的要求和偏好，将其恰当地运用于筹款的实施过程

（一）条款释义

本条款主要指在合乎法律法规的范围内，对于捐赠方的合理要求，比如：捐赠方要求具名捐赠、提供捐赠证书，或是匿名捐赠、不接受采访报道、不公开露面、不接受后续反馈信息等要求，筹款方都应当予以满足。

但面对捐赠方提出的不合理要求，尤其是涉及损害受益方利益与尊严的要求，筹款方应当与捐赠方进行充分的沟通，委婉而坚定地予以拒绝。

YES：本条意在强调须尊重和保护捐赠方的合法权益，如知情权、匿名权以及监督权等。在维护受益方的尊严和不损害受益方利益的情况下，筹款方应满足捐赠方合法合理的要求与偏好

NO：本条并非指筹款方要满足捐赠方提出的所有要求，包括与筹款项目无关的其他个人要求

（二）实务指引

《中华人民共和国慈善法》规定，捐赠方主要享有以下四个

方面的权利：一是要求签订书面捐赠协议的权利；二是约定捐赠财产的用途和受益方的权利；三是知情权；四是监督权。

除了以上权利，在实际工作场景中，筹款方比较容易遇到捐赠方的要求包括但不限于：

1. 合理要求

（1）匿名捐赠，任何身份信息都不得出现在组织年报、官网、媒体报道等任何渠道上。

（2）要求公益慈善组织不要联系自己，不要定向推送任何反馈信息和进一步筹款信息。

（3）不得使用自己的捐赠故事、照片、评论作为组织公开传播的素材（脱敏处理也不可以）。

（4）要求公益慈善组织提供具名的捐赠证书。

2. 不合理要求

（1）要求举办捐赠仪式进行企业产品宣传。

（2）以有损受益方的个人尊严和隐私的形式传播自己的善举，如要求受益方下跪、泪流满面、手持捐赠款拍照等。

（3）要求组织引荐其他大额捐赠方或资源方。

（4）要求与未成年受益方独处。

（5）要求受益方皈依其所信仰的宗教。

（三）参考法律政策依据

1.《中华人民共和国慈善法》

第六十三条　开展慈善服务，应当尊重受益人、志愿者的人格尊严，不得侵害受益人、志愿者的隐私。

第八十二条 涉及国家秘密、商业秘密、个人隐私的信息以及捐赠人、慈善信托的委托人不同意公开的姓名、名称、住所、通讯方式等信息，不得公开。

2.《中华人民共和国个人信息保护法》

第四条 个人信息是以电子或者其他方式记录的与已识别或者可识别的自然人有关的各种信息，不包括匿名化处理后的信息。

个人信息的处理包括个人信息的收集、存储、使用、加工、传输、提供、公开、删除等。

第五条 处理个人信息应当遵循合法、正当、必要和诚信原则，不得通过误导、欺诈、胁迫等方式处理个人信息。

第六条 处理个人信息应当具有明确、合理的目的，并应当与处理目的直接相关，采取对个人权益影响最小的方式。

收集个人信息，应当限于实现处理目的的最小范围，不得过度收集个人信息。

第七条 处理个人信息应当遵循公开、透明原则，公开个人信息处理规则，明示处理的目的、方式和范围。

第八条 处理个人信息应当保证个人信息的质量，避免因个人信息不准确、不完整对个人权益造成不利影响。

第九条 个人信息处理者应当对其个人信息处理活动负责，并采取必要措施保障所处理的个人信息的安全。

第十条 任何组织、个人不得非法收集、使用、加工、传输他人个人信息，不得非法买卖、提供或者公开他人个人信息；不得从事危害国家安全、公共利益的个人信息处理活动。

（四）案例分析与解读

案例一　尊重和保护捐赠方的隐私

某企业家 K 先生向一家助学领域的基金会 S 捐款 30 万元用于西部助学，K 先生在捐赠时与基金会 S 签订协议要求匿名捐赠，但是基金会 S 在公布年报时，由于工作人员的疏忽，忘记给 K 先生进行匿名处理，公开了 K 先生的信息。之后 K 先生收到了很多的筹款信息，对 K 先生的生活造成了很大的困扰。

问题分析

在该案例中 K 先生提出匿名捐赠的要求是合理的，但基金会 S 由于工作失误公开了捐赠方的姓名，没有尊重捐赠方要求匿名的权利和意愿，从而导致 K 先生的生活受到打扰。

建议的应对方式

筹款方既要尊重高调捐赠方的意愿，也要保护低调捐赠方的匿名权利。从公益慈善可持续发展的角度看，当慈善捐赠方的隐私权与公众知情权存在冲突时，更应当尊重捐赠方的意愿和隐私，从而更好地推动公益慈善事业整体健康有序地发展，吸引更多的爱心人士投入公益慈善事业。

当因疏漏不慎公开了捐赠方的信息时，筹款方应当主动联系捐赠方，向其表达歉意，同时立即采取相应的措施进行补救，例如修改或撤销相关信息等。

特别注意：捐赠方名单并非组织年报的必要元素，但如果组织年报有这一项内容，就必须由传播部门与筹款部门协作仔细核对捐赠方名单是否有遗漏、错误或不适合公开的情况，并且必须征得公开名单上每一位捐赠方的知情同意。

案例二　公益慈善组织有向捐赠方解释并保护受益方尊严的义务

企业 F 向基金会 A 捐赠 50 万元资助贫困学生，企业 F 要求举办捐赠仪式、让受益方上台接受现金并发表感恩宣言，并邀请拍摄媒体到仪式现场。为了传达出受益方的感恩之心获得更好的宣传效果，企业 F 对基金会 A 提出建议，让其要求受益方下跪致谢。基金会 A 对此没有提出异议，向受益方提出了该要求，但遭到不少学生的拒绝。

问题分析

基金会 A 没有很好地履行培育引导捐赠方的责任。受益方的感恩之心并不是靠流于形式的感谢仪式激发的，而是需要在相互尊重的前提下自然地生发。在上述案例中，基金会 A 没有遵循维护受益方尊严的原则拒绝捐赠方的不合理要求，给受益方造成了伤害。

基金会 A 的做法也与本书第二章第四节第三小节"对受益方的责任"中"筹款方必须尊重其受益方，在筹款传播或相关材料的信息使用中，应当遵循知情同意的原则，优先保护受益方的个人隐私，维护他们的尊严"的条款相冲突。

建议的应对方式

（1）达成捐赠协议前，基金会 A 应与捐赠方就其传播要求与偏好提前进行充分沟通，让捐赠方明白哪些是合理要求，哪些是不合理的要求，并说明原因，达成应当尊重受益方这一共识；若无法达成一致，捐赠方坚持要求以有损受益方尊严的方式给予其回馈，基金会 A 则应当拒绝接受捐赠。

（2）筹款方不应向捐赠方过度承诺受益方的致谢行为，捐赠方服务应当是由筹款方承担的责任。但是适当的受益方的反馈致谢对筹款是颇有助益的。一些受欢迎的筹款产品在设计之初，就将由受益方直接反馈致谢作为一个关键元素。对于此类筹款产品，筹款方应在设计时采取谨慎的态度论证其合理性与可行性，并在设计具体细节与流程中时刻谨记遵循保护受益方尊严的原则。

（3）一些捐赠方常常会提出要求，让受益方展示感恩之心。对此，筹款方应主动与捐赠方进行充分沟通，使捐赠方明白感恩宣言与下跪之类的行为并不能激发真正的感恩之心，受益方的感恩之心需要在得到尊重的前提下，在持续的学习和生活中潜移默化地形成。

案例三　尊重捐赠方的合理诉求

王先生捐赠了 10 万元给贵州某小学用于更换桌椅和资助部分困难学生，要求受益方写感谢信。但是小学生们根本不知道如何写感谢信，最后老师说了几句，于是全班同学写了几乎一样的感谢信，王先生收到后觉得很不满意。

问题分析

在捐赠方王先生眼中，他认为捐赠 10 万元后，受益方写一封感谢信是非常合理的要求。这也是大部分捐赠方的认知。但对于贵州当地的小学生而言，写出有个性的感谢信对其语言表达能力有很大的挑战；另一方面，筹款方没有做好捐赠方的引导工作，未对其期望值予以合理的评估，在事前未向捐赠方提出更合理的感谢回馈方式，也没有与其进行充分沟通达成一致意见。

建议的应对方式

在希望给捐赠方带来友好体验的同时，筹款方需要了解项目点受益方反馈的能力，做好捐赠方的期望值管理，并提供更好的替代方案。在该案例中，王先生主要希望能够得到当地孩子的致谢，并非一定拘泥于感谢信的形式。因此，筹款方可以提供其他更合理并可满足王先生捐赠体验的反馈形式，并与王先生进行充分沟通，如邀请当地老师拍摄更换桌椅前后的教室对比照片、录制一段孩子们一起面向镜头说"谢谢"的短视频提供给王先生，或让孩子们画以新课桌为主题的明信片，再写一句用上新课桌的感想代替感谢信的形式等。

八、筹款方必须确保捐赠方或潜在捐赠方的信息只用于筹款方所服务的公益慈善组织或由该组织授权的行为活动中，不得透露给其他方或挪为他用。当捐赠方要求不要将自己列入筹款对象名单时，筹款方应当立即予以满足

（一）条款释义

筹款方对于其在公益慈善活动中收集到的捐赠方的基本信息

有保密的责任。捐赠方的信息只能用于本组织的公益慈善服务活动，不能泄露或者转卖给其他组织或个人。公益慈善组织在推送相关的组织信息时，应当尊重捐赠方的自主选择权利。首先，在推送项目或者反馈信息时，筹款方应当设定是否选择继续接收的选项，让捐赠方有自主选择的权利；其次，一旦捐赠方提出不想再接受筹款信息时，筹款方应当充分尊重捐赠方的意愿，将捐赠方信息从筹款信息推送表单中移除。

> **YES：** 本条意在强调对捐赠方基本信息的维护与保密。筹款方可以收集捐赠方的信息作为后期培育、发展捐赠方的数据资源，但是只能用于服务本组织的公益服务活动，筹款方对捐赠方信息负有保密义务，不得泄露、赠送或转卖给其他方。此外，本条强调捐赠方有自主选择是否接收组织推送信息的权利

> **NO：** 本条并非指捐赠方的信息仅限于单次活动使用，也并非指筹款方不能向捐赠方推送后续信息

（二）实务指引

筹款方在开展筹款活动时应当遵循捐赠方信息保护条例和机制。在组织内部应当建立和完善捐赠方信息的保护机制和管理办法。

第一，对捐赠方信息的采集。组织在采集捐赠方信息时，应当说明其用途，并说明信息保护与管理的安全措施。

第二，对捐赠方信息的管理。在组织内部由专门部门或者专人对捐赠方信息进行管理，并根据组织工作需要设置不同级别的开放权限与审批流程。

第三，对捐赠方的信息使用，主要分为两种情况：一是组织

内部使用捐赠方信息时，应当向捐赠方信息管理部门或专人提出申请，对捐赠方信息的用途及其保密措施进行说明，经其部门或专人审批同意后方可使用捐赠方的信息；二是组织对外使用捐赠方信息时，例如当组织需要委托第三方开展服务时，组织必须跟第三方签订严格的保密条款，在条款中不仅要说明保密的责任、泄密后的赔偿责任，还应当约定补救措施。若第三方泄漏了捐赠方的信息，组织必须向捐赠方当面道歉并要求第三方按约定进行赔偿。

在公益领域一般比较常见的相关场景是活动意外险。慈善组织在开展大型公益赛事、户外公益活动等涉及人身意外的时候，公益慈善组织须为参与者购买人身意外险。当组织购买或使用第三方保险公司团体险时，应当签订严格的保密协议。

筹款方对本组织通过活动收集到的参与人员的信息可以做相关的维护和挖掘工作，但要注意在推送项目反馈与其他信息时要给予捐赠方充分的选择权；捐赠方有权选择是否继续接收组织相关信息推送。一旦捐赠方提出不想继续接收此类信息，筹款方应当满足捐赠方的要求，将之从筹款与信息推送表单中移除。

（三）参考法律政策依据

《中华人民共和国慈善法》

第一百一十条 慈善组织有下列情形之一的，由县级以上人民政府民政部门责令限期改正，予以警告，并没收违法所得；逾期不改正的，责令限期停止活动并进行整改：

……

（九）泄露捐赠人、志愿者、受益人个人隐私以及捐赠人、慈善信托的委托人不同意公开的姓名、名称、住所、通讯方式等信息的。

慈善组织违反本法规定泄露国家秘密、商业秘密的，依照有关法律的规定予以处罚。

慈善组织有前两款规定的情形，经依法处理后一年内再出现前款规定的情形，或者有其他情节严重情形的，由县级以上人民政府民政部门吊销登记证书并予以公告。

（四）案例分析与解读

案例一　保障捐赠方信息安全，谨防"外患"

基金会F是一家大型的非公募基金会，自己研发建立了捐赠方管理系统，可供捐赠方在其官网上查询相应捐赠项目的公开信息。但是，由于基金会F对该捐赠方管理系统投入不足，防护等级较低，该捐赠方管理系统遭到黑客攻击，1000多名捐赠方的个人信息随即泄露，导致捐赠方收到大量骚扰短信，这使基金会F的公信力受到很大的影响，损失了很多的捐赠方。

问题分析

该案例的问题主要由于基金会F对保障捐赠方信息安全的重要性认识不足，对系统管理的投入不足，没有尽到信息安全管理的责任，从而引发信任危机。

建议的应对方式

（1）基金会需要向当事人诚恳道歉并说明原因。

（2）基金会需要加强内部信息安全建设，主要有两种方式：

①加大官方网站的资金投入和重视力度，主动升级完善捐赠方信息保密系统，增强网站系统的防御能力；②购买第三方专业的捐赠方信息管理系统或安全防御服务，借助于外部力量加强信息管理系统的安全性。

案例二　保障捐赠方信息安全，强化内部管理

机构 H 是一家发展了 10 年的公益慈善组织，10 年来 H 积累的捐赠方信息主要是由内部筹款岗位人员负责管理，捐赠方信息都存在 Excel 表上。其组织内部没有建立捐赠方信息保护管理的制度和办法，也没有相应的捐赠方信息使用的审批程序。负责筹款的核心人员离职后，直接带走了记录机构 H 捐赠方信息的 Excel 文件，这为其新工作的开展提供了很大的便利，而机构 H 却损失了大量的捐赠方信息。

问题分析

在该案例中，机构 H 存在两个问题：（1）没有捐赠方信息数据保护的意识，没有建立捐赠方信息保护制度并严格遵守，没有严格的捐赠方信息使用的审批程序；（2）没有建立完善规范的捐赠方信息管理系统，一旦筹款方离职带走捐赠方文件就给其带来了巨大的损失。

建议的应对方式

（1）公益慈善组织应当树立保护捐赠方信息的意识，制定严密的捐赠方信息管理办法并要求组织内部员工严格遵守。

（2）公益慈善组织可自行研发建立专门的捐赠方信息管理系

统，或者购买专业的第三方系统对捐赠方信息进行管理，避免筹款专员离职给组织带来损失。

案例三　开展外部合作时，筹款方应谨防捐赠方信息泄露

基金会 L 因为举办大型户外徒步竞赛筹款活动，需要为活动的志愿者、工作人员、参赛人员购买相应的人身意外险。为购买保险，基金会 L 采集了相关人员的基本信息（包括姓名、电话、联系方式、身份证号码等）。但是，在基金会 L 向商业保险公司 A 购买了团体保险后，商业保险公司 A 利用被保险人员的信息进行了业务推广工作，发送业务信息给参与基金会 L 活动的人员，导致活动参与人员质疑基金会 L 泄露甚至故意贩卖其相关信息，引发舆论危机。

问题分析

公益慈善组织因活动需要收集参与人员的相关信息，更多是出于对参与人员人身安全的考虑，也是本着对参与人员的人身安全负责的态度购买的商业保险。但商业保险公司 A 未遵守行业规则，私自发送相关的业务信息给活动参与人员，从而损害了基金会 L 的公信力。

建议的应对方式

针对该案例问题，筹款方有两种应对方式：

（1）在购买商业保险或接收保险公司产品捐赠前，一定要与对方签订严格的保密协议。

（2）若对方未能履行保密协议而泄露捐赠方信息，进而影响

到组织自身公信力时，筹款方应当依法追究对方的法律责任；当泄露问题发生时，筹款方应当及时对捐赠方做出回应，并立即采取相应的补救措施，以维护组织公信力，例如要求泄露信息的第三方组织对捐赠方进行公开道歉、点对点道歉并赔偿。

案例四　捐赠方有权选择不再接收公益慈善组织推送的信息

C 先生某次参与了组织 D 的公益活动后，每月都会收到组织 D 的项目进度反馈、工作简报、会议情况、月捐信息、"99 公益日"等活动的信息推送，C 先生感觉如此多的信息对自己造成了困扰，但找不到退订方式，于是致电组织 D 希望不再接收相关信息。

问题分析

组织 D 最主要的问题是没有做好相应的分级反馈制度，没有对捐赠方与潜在捐赠方做好分级管理，而是过于频繁地统一向捐赠方或潜在捐赠方推送信息。此外，组织 D 没有设置取消接收信息的选项，最终频繁的推送造成了 C 先生的反感，组织 D 很可能会失去 C 先生这一捐赠方或潜在捐赠方。

即使组织 D 将 C 先生认定为潜在捐赠方，也应给予 C 先生自主选择的权利，尊重其意愿，避免构成重复打扰。

建议的应对方式

组织 D 有以下三种处理方式：

（1）从意识和技术层面上，组织 D 应当充分尊重捐赠方自主选择的权利，推送信息的设计要考虑设置取消或退订功能，让捐赠方在不想接收时就能自行取消。

（2）组织 D 需要针对捐赠方做相应的分级管理，而不是简单地把全部信息发给所有的捐赠方或潜在捐赠方。比如，针对刚开始接触组织活动的捐赠方，发送关键项目进展反馈与年报即可；针对深度参与的捐赠方，要根据捐赠方的需求做出个性化的反馈信息；针对重要长期的捐赠方可推送调研问卷询问改进建议。

（3）一旦捐赠方提出不愿接收信息推送或筹款信息的要求，筹款方应当立即满足，将其移出筹款或信息推送名单，不再推送相关信息。

第三节　对受益方的责任

一、筹款方必须尊重其受益方，在筹款传播或相关材料的信息使用中，应当遵循知情同意的原则，优先保护受益方的个人隐私，维护他们的尊严

（一）条款释义

公益慈善组织的成立是为了向受益方提供支持，对受益方的尊重必须贯穿始终，不能将其作为筹款工具。此条款针对的情形是：目前一些组织为了达到筹款效果，大量使用悲情信息博取同情。该问题是筹款活动相关方共同面临的筹款效果与隐私伦理之间的两难困境，而如何更好地保护受益方的隐私，以及维护受益方的尊严是筹款方和社会需要共同努力的方向。

> **YES**：本条意在强调筹款方在开展传播工作的过程中，对于受益方的个人肖像、身份信息等个人隐私方面的信息需要在双方知情的情况下，获得其许可后方可使用。同时，传播内容要注重维护受益方的人格尊严
>
> **NO**：本条并非指不能公开捐赠组织和受益方的信息与相关材料

（二）实务指引

在具体的实操中，关于受益方信息的保护和使用，需要注意的细节包括：

（1）事前签订协议或知情同意书：在使用受益方的肖像或其他信息资料前必须征得同意。实操过程中表现为受益方参加相关活动之前，包括进行访谈、接受媒体采访、照相／摄像，必须征得其父母／监护人／社区或学校相关负责人／合作伙伴同意，方可将这些信息资料用于组织及其合作伙伴以宣传为目的的各种出版物上，如组织内部报告、出版书籍、国内外报纸、网站、广播和电视上。

（2）沟通充分及零"霸王条款"：与受益方签订协议过程中，筹款方须就与信息公开相关的内容以及由此可能带来的不便事先与受益方进行充分沟通，以消除对受益方可能产生的有形的或者无形的压迫，更不能出现"霸王条款"损害受益方的权益。

（3）在儿童素材的沟通上：在使用儿童素材制作筹款材料时，除了监护人同意之外，还需要与儿童本人沟通并获得知情同意，让儿童本人非常清楚公开的是什么以及对自己的影响。

（4）信息的技术化处理：在信息处理过程之中，一般会对受益方进行马赛克、背影（非正面的镜头）等处理。

（5）不适合的信息类型：在实际中存在的受伤、痛苦的照片，虽然能够反映真实情况但可能并不适合作为传播资料公开。在大病救助项目的筹款传播内容中，可以考虑以医生诊断报告等为主作为真实性依据；另一方面，不能为了增加筹款量而借助公众的猎奇心态，曝光受益方的隐私经历。传播内容的边界界定应当在组织内部有明确规范并形成共识。

（6）不建议过度公开：对于某些属于个人隐私的信息，不太适合过度公开。若公开，可能会给受益方或相关方造成困扰，甚至带来负面影响。例如真实姓名、具体的家庭地址、学校班级详细信息、受益方家庭等细节情况。

（三）参考法律政策依据

1.《中华人民共和国民法典》

第九百九十条　人格权是民事主体享有的生命权、身体权、健康权、姓名权、名称权、肖像权、名誉权、荣誉权、隐私权等权利。

除前款规定的人格权外，自然人享有基于人身自由、人格尊严产生的其他人格权益。

第九百九十五条　人格权受到侵害的，受害人有权依照本法和其他法律的规定请求行为人承担民事责任。受害人的停止侵害、排除妨碍、消除危险、消除影响、恢复名誉、赔礼道歉请求权，不适用诉讼时效的规定。

第九百九十六条　因当事人一方的违约行为，损害对方人格权并造成严重精神损害，受损害方选择请求其承担违约责任的，不影响受损害方请求精神损害赔偿。

第九百九十七条 民事主体有证据证明行为人正在实施或者即将实施侵害其人格权的违法行为，不及时制止将使其合法权益受到难以弥补的损害的，有权依法向人民法院申请采取责令行为人停止有关行为的措施。

第九百九十八条 认定行为人承担侵害除生命权、身体权和健康权外的人格权的民事责任，应当考虑行为人和受害人的职业、影响范围、过错程度，以及行为的目的、方式、后果等因素。

第九百九十九条 为公共利益实施新闻报道、舆论监督等行为的，可以合理使用民事主体的姓名、名称、肖像、个人信息等；使用不合理侵害民事主体人格权的，应当依法承担民事责任。

第一千条 行为人因侵害人格权承担消除影响、恢复名誉、赔礼道歉等民事责任的，应当与行为的具体方式和造成的影响范围相当。

行为人拒不承担前款规定的民事责任的，人民法院可以采取在报刊、网络等媒体上发布公告或者公布生效裁判文书等方式执行，产生的费用由行为人负担。

第一千零二条 自然人享有生命权。自然人的生命安全和生命尊严受法律保护。任何组织或者个人不得侵害他人的生命权。

第一千零三十一条 自然人享有隐私权。任何组织或者个人不得以刺探、侵扰、泄露、公开等方式侵害他人的隐私权。

隐私是自然人的私人生活安宁和不愿为他人知晓的私密空间、私密活动、私密信息。

2.《中华人民共和国慈善法》

第六十三条　开展慈善服务，应当尊重受益人、志愿者的人格尊严，不得侵害受益人、志愿者的隐私。

3.《儿童个人信息网络保护规定》

全部条款。

（四）案例分析与解读

案例一　侵害受益人隐私

机构 R 是一个助学组织，每年组织志愿者到乡村进行走访，但 R 未经受益方同意就将走访的详细信息（包括学生家庭住址、家庭照片、学校信息、父母及家庭的详细情况）全部公开到机构官网上。学生 M 发现机构网站上公开了自己的个人信息以及受赠情况。由于 M 的故事很典型，一些公益慈善组织也通过网站发布的信息联系到 M，希望 M 能帮助做宣传。学生 M 感到个人隐私被侵犯，并向有关部门投诉了机构 R。

问题分析

机构 R 未经许可便直接将受益方及其家庭的详细信息公布在网站上，使得受益方的信息在未经其允许的情况下被公开，并被其他组织、单位获取。这一泄露受益方个人信息资料的行为是对受益方个人隐私权利的侵犯。

建议的应对方式

（1）在工作程序上，机构 R 在受益方信息公开之前必须获得受益方本人和监护人的知情同意，并且须将其可能的影响告知对方。

（2）机构 R 应当对受益方的信息进行适当的技术化处理，保护受益方的隐私与尊严。

（3）组织内部可以针对受益方信息公开的内容和程度制定相应制度，以防止过度公开受益方信息。

案例二 悲情卖惨筹款损害受益人尊严

组织 N 是一家儿童大病募捐平台，在其筹款志愿者运用短视频直播筹款的过程之中，为了博取公众眼球、打动捐赠人获得更多筹款，组织 N 和家长签订了知情同意书之后，在每个孩子的个案筹款中，将孩子的创伤处与孩子痛苦的正面照片公开，其中一些照片甚至比较血腥。

问题分析

该组织为了获取更多的资金而选择呈现受益方悲惨与痛苦的情景。这一行为看似是信息公开，实质上却损害了受益方的尊严。卖惨筹款短期内看似有效，但一味卖惨将不断推高捐赠方的"泪点"，是不可持续的公益慈善筹款方式。

建议的应对方式

公益慈善组织在开展短视频直播或者其他渠道筹款时，应该把握以下原则：

（1）以受益方的人格尊严和隐私保护为优先。进行对外传播时，首先必须征得受益人的知情同意。

（2）对于创伤面积过大的尽量选择医院的诊断证明报告作为支撑依据，即使要展示受益方的照片也应该选择侧面或者背面作为展示的内容，尽量不要直接展示受益方的创伤面。

（3）需要加强对筹款志愿者的培训与指导，尊重受益方的隐私，维护受益方的尊严。

案例三　侵犯受益方的知情同意权

组织 S 是一家为留守儿童提供服务的公益慈善组织。为了筹款，组织 S 请学校老师为留守儿童拍摄了正面照并作为筹款传播内容发布在公开渠道上，但事前组织 S 没有与这些留守儿童以及他们的监护人进行沟通，更未签署任何知情同意书。

问题分析

组织 S 在公布照片之前，未采取任何行动帮助留守儿童知晓照片的使用目的和传播途径，也未与其监护人就此问题进行沟通，没有签订知情同意书。未经受益方同意就公布了他们的照片，组织 S 这一行为侵犯了受益方的知情权和肖像权。由于留守儿童为未成年人，当地学校也要承担责任，因为学校未尽到告知及保护未成年人的义务。

建议的应对方式

（1）围绕提供的服务并结合受益方的实际情况，组织 S 可以依据筹款伦理建立或完善内部管理制度，包括知情同意书条款及其签订流程、知情同意书所涉及的相关方的界定，以及定期为实施人员开展培训等。本案例中的受益方为未成年人，其父母常年在外工作，即便如此，组织 S 在公开其照片前，也应就照片的用途及可能带来的影响与受益方及其监护人进行沟通，并获得其许可。

（2）组织 S 要为作为利益相关方的当地教师进行培训，让其了解并配合组织 S 共同保护受益方的权利。

（3）组织 S 将受益方的照片作为传播资料，需要与照片中每一位受益方及其监护人进行沟通并签署知情同意书。

此案例建议的应对方式源自行业内的真实做法。基于目前的行业调研，这一方式在受益方隐私保护方面属于最佳实践，供大家参考。

案例四　以保护儿童人格尊严为优先

公益慈善组织 C 长期专注于事实孤儿①服务。某媒体计划开展一期关于事实孤儿服务的传播报道，邀请公益慈善组织 C 和其服务的事实孤儿一起参加。公益慈善组织 C 认为能够收到媒体邀请是很重要的，这对于项目的影响力和筹款有极大的帮助。但是，该媒体的报道传播方式是以事实孤儿的成长故事为切入点，需要孩子出镜，并且不会打上马赛克。虽然是正面宣传，但公益慈善组织 C 认为该报道方式无法保护孩子的隐私，果断拒绝了这一邀请。

问题分析

公益慈善组织 C 的做法是正确的，没有为了更大的传播影响

————————

①　事实孤儿是指"事实无人抚养儿童"，即指父母没有双亡，但家庭没有能力或没有意愿抚养的儿童。

力和促进筹款量而放弃保护儿童隐私，这是对受益方人格尊严的尊重和保护。关注儿童服务与保护领域的组织，尤其应该站在保护受益方隐私与人格尊严的立场，优先考虑保护儿童的人格尊严。

建议的应对方式

（1）公益慈善组织应当坚持以保护儿童人格尊严为第一原则，充分保护受益人的尊严和隐私，与媒体沟通寻求解决方案达成共识。

（2）在不损害儿童利益的前提下进行宣传报道时，也须征得受益方的知情同意，并且要告诉受益方和其监护人可能产生的影响，让其监护人进行判断；即使受益方及监护人同意传播也要采用双匿名或者是以不露脸的方式保护好儿童，也可以采用群体照片讲述一群儿童积极阳光的生命故事，而不是用单个儿童的照片一味宣传其苦难的一面；更多时候公益慈善组织要站在儿童的立场进行考虑，而不只是站在筹款的立场考虑问题，筹款只是整体服务中的一环，保护儿童使其健康成长才是关键。

二、筹款方有告知受益方相关权利与义务的责任，不得出现隐瞒真实项目信息等欺骗受益方或损害受益方权利与利益的行为

（一）条款释义

受益方在筹款和项目实施过程中往往处于被动或弱势地位。由于受到自身观念、知识水平、角色等限制，受益方可能无法及时获取充分、完全的信息。因此筹款方需要及时告知受益方相关

进程以及准确真实的捐赠情况，尊重和实现受益方基本权利，不能对捐赠的资金、物资等信息和项目执行过程有所隐瞒，或者欺骗受益方，损害其权利与利益。

YES：本条意在强调尊重和实现受益方的知情权，不得欺骗受益方，保护受益方利益
NO：本条并非指针对非受益方的其他主体方

（二）实务指引

尊重和实现受益方的知情权，需要做到如下方面：

1. 通过书面及口头的方式将相关信息准确、真实地呈现给受益方

（1）其中需要传递的信息主要包括：

① 筹款进展、方式、具体金额、资金来源；

② 筹款过程中需要对外公开的受益方信息及可能受到的影响；

③ 项目资金的使用方式及其用途；

④ 物资捐赠中应格外注意的是：药品或保健品特性（是否产生抗药性、不良反应），物品的使用方式、价值及注意事项；

⑤ 项目开展过程及需要受益方自行负责与配合的内容。

（2）双方签订的协议或知情同意书，特别是涉及医疗健康领域等的书面告知材料，组织要做好存档工作。

2. 在项目执行过程中需要注意的内容：

（1）医疗救助类项目需要让受益方了解治疗方案、过程及风险，并且应防止因为公益捐赠而产生过度治疗的行为；

（2）受益方在项目执行过程中可能遇到的风险；

（3）受益方在项目结束后需要承担的后续工作，例如耳蜗手术后需要的康复和维护等。

3. 严厉禁止的行为

（1）借助慈善名义对受益方进行推销、行骗，且可能会损害受益方的利益；

（2）给受益方的捐赠物资以次充好，隐瞒可能导致的不良反应或危害。

（三）参考法律政策依据

《中华人民共和国慈善法》

第六十条　慈善组织根据需要可以与受益人签订协议，明确双方权利义务，约定慈善财产的用途、数额和使用方式等内容。

（四）案例分析与解读

案例一　未告知受益人实际筹款情况，

因变更剩余善款用途引发争议

M为其儿子申请了基金会F的儿童个案救助，基金会F将其作为个案在募捐平台上进行筹款，很快筹集到了8.4万元善款，后来由于孩子病情恢复较好，扣除医保后的手术实际花费约7万元。考虑到M的家庭承担能力，基金会F未告知M实际的筹款情况，只将其中的6万元给了M，将剩余2.4万元善款分配给了其他家庭。M知晓了实际筹款金额，产生不满情绪，怀疑基金会挪用善款，甚至与基金会人员发生了冲突。

问题分析

在 M 不知情的情况下，基金会 F 直接将为 M 儿子筹集的善款用以资助其他类似情况的受益方，这种行为侵害了 M 的知情权；同时，基金会 F 并未在开展筹款前与 M 提前沟通约定相应剩余善款的用途并达成协议。

建议的应对方式

（1）基金会 F 应当事先与 M 在开展个案筹款前进行约定，明确善款的使用方向以及多余善款的处理方式，明确基金会在其中的权责。

（2）当出现善款超额的情况，基金会 F 需要及时告知 M，并且根据事前约定在 M 同意的情况下对善款用途进行调整，留给 M 的金额需要双方协商确认。

（3）基于前两条的应对方式，无论善款如何分配处理，基金会都需要将实际情况反馈给捐赠方，并且通过信息公开等方式告知捐赠方善款的实际使用去向。

案例二　未将捐赠物品的真实、全面的信息传递给受益方引发争议

基金会 S 是一家关注老年人的基金会，某保健品品牌给基金会 S 捐助了价值 1000 万元的老年人软化血管的营养保健品。基金会 S 通过社区公益活动将这批营养保健品免费赠送给了社区中的老年人。接受捐赠前，基金会 S 并未对此营养保健品的不良反应、使用方法、功效等进行调查。赠送后不久，有不少老年人出现了不良反应，纷纷找到基金会 S 要求赔偿。基金会 S 表示这些

营养保健品是正规厂家生产的合格产品，其捐赠行为没有问题，老年人的情况与营养保健品无关，可能是不恰当使用造成的，基金会 S 不需要进行赔偿。

问题分析

基金会 S 并没有将营养保健品的实际情况、使用方法和可能产生的不良反应调查清楚，也没有将这部分信息向受益方充分传达，以至于引发纠纷。当受益方表示不满时，基金会 S 并没有很好地沟通和回应。

建议的应对方式

（1）基金会 S 在接收捐赠前需要评估该产品是否能够真实起到其描述的效果，并对可能产生的不良反应进行科学评估，如捐赠营养保健品的效果不明确，基金会 S 需要慎重选择接收该类捐赠。另外，若存在商品推销或推广性质的捐赠，则不应该接收。

（2）在确认营养保健品没有任何问题且老年人确定需要的前提下，选择合适、需要帮助的对象进行捐赠，在这个过程中需要和受益方充分沟通，在其完全了解相关信息的情况下由对方主动申请营养保健品。

（3）与申请者的沟通过程中，基金会 S 需要对营养保健品的食用方式、注意事项、可能产生的不良反应等进行详细说明，确保受益方知情并妥当使用。

（4）在受益方完全知情的前提下，基金会 S 必须强调，受益方对营养保健品的使用效果及后续是否购买等行为需要自行承担责任。

三、制定激励受益方参与筹款的规则时，应当以组织使命与受益方的真实需求为优先，不以受益方具有的筹款资源与能力进行相应的资源匹配

（一）条款释义

筹款方在发起筹款项目的过程中，可以鼓励和激励受益方参与到筹款项目的宣传等活动中，但在此过程中，筹款方要基于受益方的实际需求，而不是根据受益方的筹款能力进行配捐等激励。

在现实中，越是弱势群体越难以具有筹款所需的资源与能力。我们可以鼓励受益方参与筹款，但不能将其异化，以其筹款能力来定资助额度。

YES：本条意在强调筹款方在筹款时要基于受益方真实的需求，不能仅凭受益方自身具有的筹款资源与能力去进行相应的资源分配
NO：本条并非指捐赠方主动进行定向捐赠方面的要求

（二）实务指引

在现实中，存在以下情况：

对于联合劝募平台，平台上的公益慈善组织作为受益方，自身会努力开展动员工作进行筹款。其中注意的要点包括：

（1）在进入平台前，先强调平台的公共性和相关规则，遵守规则后才获得进入资格；

（2）制定明确的激励规则，但该激励规则并不是完全依据平台上的公益慈善组织的筹款金额或拥有的资源来确定的；

（3）需要根据组织面对的真实需求、组织执行能力等要素分配资金；

（4）对于不具备公募资质的非公募组织与公募组织合作时，公募组织有责任指导和监督非公募组织依据真实需求开展筹款活动，不能以其具有的筹款资源与能力进行相应的资源分配。

（三）参考法律政策依据

《慈善组织公开募捐管理办法》

第十一条　慈善组织应当在开展公开募捐活动的十日前将募捐方案报送登记的民政部门备案。材料齐备的，民政部门应当即时受理，对予以备案的向社会公开；对募捐方案内容不齐备的，应当即时告知慈善组织，慈善组织应当在十日内向其登记的民政部门予以补正。

为同一募捐目的开展的公开募捐活动可以合并备案。公开募捐活动进行中，募捐方案的有关事项发生变化的，慈善组织应当在事项发生变化之日起十日内向其登记的民政部门补正并说明理由。

有业务主管单位的慈善组织，还应当同时将募捐方案报送业务主管单位。

第十四条　慈善组织开展公开募捐活动应当按照本组织章程载明的宗旨和业务范围，确定明确的募捐目的和捐赠财产使用计划；应当履行必要的内部决策程序；应当使用本组织账户，不得使用个人和其他组织的账户；应当建立公开募捐信息档案，妥善保管、方便查阅。

第十七条　具有公开募捐资格的慈善组织与不具有公开募捐资格的组织或者个人合作开展公开募捐活动，应当依法签订书面协议，使用具有公开募捐资格的慈善组织名义开展公开募捐活动；募捐活动的全部收支应当纳入该慈善组织的账户，由该慈善组织统一进行财务核算和管理，并承担法律责任。

（四）案例分析与解读

案例一　筹款金额超出实际筹款需求的部分如何恰当处理？

作家 W 某 5 岁女儿小 U，被查出患有重病，需要高额的治疗费。W 某通过基金会 X 开展了个案救助。由于 W 某的文笔较好，且小 U 长得非常可爱，因此 W 某写了一篇感人至深的筹款文章，还找了一家推广公司帮助推广，使得小 U 的病情一日之间引起社会的广泛同情和关注，并开始涌入了大量捐赠。仅仅两天的时间，便获得 80 万元的捐赠，比既定目标多了 20 万元。基金会 X 希望将这多余的 20 万元用于救助患有类似疾病的儿童，但 W 某认为这是他的文章和推广获得的资金，应该留给小 U 做第二期治疗使用，且部分善款需要支付给推广公司。

问题分析

W 某由于具有较高的筹款能力而获得了大量的社会捐赠；即使善款的募捐和 W 某有一定的关系，但这部分捐赠并不全部归 W 某所有，而是属于平台的儿童救助善款。W 某并不具有这部分公益资金的所有权和使用权。

建议的应对方式

（1）基金会 X 需要在 W 某申请救助之前说明平台的规则和

捐款的所有权及使用方式。

（2）基金会 X 可以鼓励 W 某进行筹款，在筹款过程中，基金会 X 要科学评价小 U 所需要的救助资金金额，对于超出的部分需要和 W 某沟通，依照平台的相关规则将资金使用到有近似需求的孩子身上。

（3）基金会 X 需要将捐款的最终使用去向及时反馈给捐款方和 W 某。

案例二　以筹款额为目标制定内部筹款激励制度，有违公益性原则

C 是某公募基金会设立的联合劝募中心。C 中心设立的初衷是为各地开展儿童疾病救助项目的公益慈善组织提供筹款支持，主要包括大病救助类个案筹款项目及为群体筹款的康复类筹款项目。其中儿童康复类项目更符合 C 的使命与公益慈善理念，因此占其项目总数量的 80%。

某互联网募捐信息平台发起了公益节，规则是为各慈善组织按照筹款金额提供匹配的奖励金。为了获得更多的奖励金，C 中心对自己的项目进行了调整，表现为大幅增加容易筹款的大病救助类个案，减少群体康复类筹款项目，并且为吸引更多的儿童大病救助类个案借助自己的平台进行筹款，在组织内部制定了大病救助类个案的激励制度。

问题分析

首先，C 中心不顾自身的公益初衷，单纯为追求筹款额而大幅调整支持项目，以筹款额为目标制定内部激励制度这一做法有

违自身使命。其次，C 中心在分配公益善款资源时，并非以受益方实际需求为首要依据，而是以参与筹款的个案对象的资源动员能力为分配依据。公益慈善组织本应该承担筹集社会资源再分配的责任，本应将"公平"与"公益"的理念作为立身之本。但是个案筹款效果严重依赖于受益人的"素材"或其社会资源，公益慈善组织大规模采用个案筹款，则违反了公益性原则。①

建议的应对方式

公益慈善组织旨在通过自己的专业解决社会问题，通过筹集社会资源遵循公平与公益的原则进行再分配，并不应将追求筹款额作为自己组织的使命。C 中心应当从自身使命与受益方的真实需求出发，沿袭组织的公益使命，不应以筹款额为标准设定支持的筹款项目比例和内部激励机制。

案例三　筹款期间根据筹款流量擅自修改筹款目标金额

某非公募组织 L 通过挂靠某公募组织 A 在慈善组织互联网公开募捐信息平台上发布筹款信息，在筹款期间由于非公募组织 L 的工作人员发布了出色的筹款文案，带来了大量的关注，短时间内就达到了第一年的筹款目标金额。为了抓住热点流量继续筹款，公募组织 A 在未征得筹款方非公募组织 L 同意的情况下，将目标筹款金额由一年的预算费调整为两年的预算费，引发网友

---

① 叶盈：《吴花燕事件的警示："个案筹款"已经到了必须改变的关口》，微信公众号"公益资本论"，2020 年 1 月。

质疑。

问题分析

本案例中涉及两个风险点：其一，筹款期间临时修改筹款目标金额，却没有及时向社会公开说明缘由，尤其是筹款金额由一年预算费直接变成两年预算费的合理性；其二，在修改筹款金额的沟通流程方面存在问题，非公募组织 L 与公募组织 A 之间是联合劝募的方式，非公募组织 L 才是真正的筹款主体与未来的运作执行主体，公募组织 A 不能越过非公募组织 L 擅自修改筹款目标金额。

建议的应对方式

（1）筹款方在开展筹款活动中应该以受益方的真实需求为优先，而不能以筹款方具有的筹款资源与能力进行相应的资源分配；

（2）若筹款期间确实需要修改筹款目标金额，非公募组织 L 应该根据自身的真实筹款需求合理说明修改筹款目标金额的原因，与公募组织 A 达成共识后再行修改，并同时向社会公开说明调整原因与合理性依据；

（3）如公募组织 A 认为修改筹款目标金额有助于挂靠的非公募组织 L，且非公募组织 L 也有相应的合理的执行与运营能力，则公募组织 A 也必须先征得非公募组织 L 的同意，向非公募组织 L 提出建议，由非公募组织 L 根据自身真实需求评估，并提出合理的修改筹款目标金额的原因后，才能修改并做出公开说明。

第四节　对公益慈善行业的责任

一、根据国家相关的法律法规，筹款方必须向利益相关方、受益方、捐赠方和公众公开组织的财务信息及与活动相关的准确信息。同时，筹款方应当主动提供真实的善款资金使用情况，不得夸大或过分保守

（一）条款释义

除了配合登记管理机关对公益慈善组织的年度审查，向登记管理机关报送相应年度工作报告，筹款方还须遵守《慈善组织信息公开办法》《社会组织信用信息管理办法》等相关法律法规和条例，对外公开筹款活动的相关信息，并对资金流入、流出和使用过程进行必要的发布和说明。同时，涉及公开募捐的活动，还须具有公募资格的组织按照《慈善组织公开募捐管理办法》的规定，报备民政部门，并对筹款的内容进行说明。

> YES：筹款方应当依据国家有关法律法规，公布筹款活动相关信息，这些法律一般规定了筹款活动在开始前、进行中和结束后各个环节需要公开的信息，筹款方应当熟悉这些法律的内容和具体要求，特别是对于善款的使用情况，须公开准确的财务信息
>
> NO：需要注意的是，并非所有的筹款活动都需要完全公开信息和备案，例如面对特定对象开展的筹款活动就不需要公开或者备案。主要区分依据是筹款对象，特定筹款对象为非公开募捐，而非特定的大多数筹款对象则为公开募捐

（二）实务指引

1. 筹款方在筹款活动开始前的工作和公开内容

在筹款活动开始之前，筹款方须根据筹款活动的类型进行工

作区分。如果是非公开募捐的活动，筹款方需要向组织管理层或委托方说明筹款工作的基本计划和目标，并获得行动允许，在必要的时候，筹款方还应当编写筹款计划并发送至组织管理层或委托方。

若是公开募捐活动，则需要确认发起公开募捐活动的组织为公募组织，没有公募资格的公益慈善组织须挂靠公募组织。《慈善组织公开募捐管理办法》第十一条规定，慈善组织应当在开展公开募捐活动的十日前将募捐方案报送登记的民政部门备案。材料齐备的，民政部门应当即时受理，对予以备案的向社会公开。公开募捐方案的具体备案操作流程可以登录统一信息平台，按照要求进行信息备案。

2. 筹款方在筹款活动过程中的工作和公开内容

大部分筹款项目的筹款过程并不是单次活动即可完成的，而是一个持续的发布项目内容并公开资金使用情况进而继续筹款的循环过程。这样的筹款活动则需要筹款方根据《慈善组织信息公开办法》的要求，公开对应的筹款及项目信息，包含但不限于项目名称、项目内容、实施地域、受益人群、来自公开募捐和其他来源的收入、项目的支出情况，项目终止后有剩余财产的还应当公开剩余财产的处理情况。

3. 筹款方在筹款活动结束后的工作和公开内容

筹款方在筹款活动以及项目完全结束后，首先需要对这一过程中发生的筹款信息进行整理留存。其次则需要根据《慈善组织信息公开办法》《社会组织信用信息管理办法》来公开已产生的筹款信息，重点包括管理制度、年度工作报告及财务会计报告、重大资产变动及投资、重大关联交易及资金往来、关联交易行为等情况。

这些信息在及时发布后，既需要主动呈现在组织自己的公开渠道中（例如机构官方网站），同时也须上传到统一信息平台、中国社会组织网等多个慈善信用信息平台，并在组织的基础信息、年报信息、行政检查信息中如实说明这些已经结束的筹款工作的内容和过程情况。

基金会应在日常工作过程中整理好相关信息，并于每年3月31日前整理审核好年度工作报告，其中包括财务会计报告、注册会计师审计报告，开展募捐、接受捐赠、提供资助等活动的情况以及人员、机构的变动情况等，向登记管理机关报送，接受登记管理机关的检查。

（三）参考法律政策依据

1.《中华人民共和国慈善法》

第四十二条　捐赠人有权查询、复制其捐赠财产管理使用的有关资料，慈善组织应当及时主动向捐赠人反馈有关情况。

慈善组织违反捐赠协议约定的用途，滥用捐赠财产的，捐赠人有权要求其改正；拒不改正的，捐赠人可以向县级以上人民政府民政部门投诉、举报或者向人民法院提起诉讼。

第七十五条　国家建立健全慈善信息统计和发布制度。

国务院民政部门建立健全统一的慈善信息平台，免费提供慈善信息发布服务。

县级以上人民政府民政部门应当在前款规定的平台及时向社会公开慈善信息。

慈善组织和慈善信托的受托人应当在本条第二款规定的平台发布慈善信息，并对信息的真实性负责。

第七十七条　慈善组织、慈善信托的受托人应当依法履行信息公开义务。信息公开应当真实、完整、及时。

第七十八条　慈善组织应当向社会公开组织章程和决策、执行、监督机构成员信息以及国务院民政部门要求公开的其他信息。上述信息有重大变更的，慈善组织应当及时向社会公开。

慈善组织应当每年向社会公开其年度工作报告和财务会计报告。具有公开募捐资格的慈善组织的财务会计报告须经审计。

第七十九条　具有公开募捐资格的慈善组织应当定期向社会公开其募捐情况和慈善项目实施情况。

公开募捐周期超过六个月的，至少每三个月公开一次募捐情况，公开募捐活动结束后三个月内应当全面、详细公开募捐情况。

慈善项目实施周期超过六个月的，至少每三个月公开一次项目实施情况，项目结束后三个月内应当全面、详细公开项目实施情况和募得款物使用情况。

第八十条　慈善组织开展定向募捐的，应当及时向捐赠人告知募捐情况、募得款物的管理使用情况。

第八十一条　慈善组织、慈善信托的受托人应当向受益人告知其资助标准、工作流程和工作规范等信息。

第八十二条　涉及国家秘密、商业秘密、个人隐私的信息以及捐赠人、慈善信托的委托人不同意公开的姓名、名称、住所、通讯方式等信息，不得公开。

2.《慈善组织公开募捐管理办法》

第三条　依法取得公开募捐资格的慈善组织可以面向公众开展募捐。不具有公开募捐资格的组织和个人不得开展公开募捐。

第十条　开展公开募捐活动，应当依法制定募捐方案。募捐方案包括募捐目的、起止时间和地域、活动负责人姓名和办公地址、接受捐赠方式、银行账户、受益人、募得款物用途、募捐成本、剩余财产的处理等。

3.《基金会信息公布办法》

第三条　信息公布义务人公布的信息资料应当真实、准确、完整，不得有虚假记载、误导性陈述或者重大遗漏。

信息公布义务人应当保证捐赠人和社会公众能够快捷、方便地查阅或者复制公布的信息资料。

第六条　公募基金会组织募捐活动，应当公布募得资金后拟开展的公益活动和资金的详细使用计划。在募捐活动持续期间内，应当及时公布募捐活动所取得的收入和用于开展公益活动的成本支出情况。募捐活动结束后，应当公布募捐活动取得的总收入及其使用情况。

4.《基金会年度检查办法》

第三条　基金会、境外基金会代表机构应当于每年3月31日前向登记管理机关报送经业务主管单位审查同意的上一年度的年度工作报告，接受登记管理机关检查。

第四条　年度工作报告的内容应当包括：财务会计报告、注册会计师审计报告，开展募捐、接受捐赠、提供资助等活动的情况以及人员和机构的变动情况等。

财务会计报告应当符合《民间非营利组织会计制度》规定的内容和要求；注册会计师审计报告，应当有注册会计师事务所统一受理并与被审计的基金会、境外基金会代表机构签订委托合同的证明；开展募捐、接受捐赠、提供资助等活动情况应当有基金会履行信息公布义务的情况；人员和机构变动情况应当有按照规定办理变更登记情况以及基金会换届的会议纪要和更换法定代表人之前进行财务审计的情况等。

（四）案例分析与解读

案例　未及时公开善款流向与善款用途变更引发的争议

基金会 H 的几名志愿者发起了一项救治白血病患儿 S 的筹款项目，该筹款项目一时间吸引了大量的关注，引来了许多网络募捐，但最终白血病患儿 S 因肺部感染离世，此时所筹得的善款并未用完。基金会 H 与项目的发起志愿者商讨决定，将剩余资金成立了一个白血病专项基金，但没有向捐赠方告知或公开这一信息。

专项基金成立一个月后，获悉此事的捐赠人 W 以捐赠方的名义，委托律师事务所向基金会 H 发出律师函，首先对基金会 H 未公开善款流向和用途提出质疑，其次对基金会 H 在未得到捐赠方同意的情况下，将善款的一部分挪用并改变捐赠用途的做法提出质疑。

这次诉讼使得基金会 H 产生了信任危机，基金会 H 反复向媒体公开材料进行证明，证实基金会的确向患儿 S 拨付了相应的救助款，也的确是通过与项目的发起志愿者共同讨论后才成立了专项基金，修改了善款的用途。

但这样的解释依然不能打消捐赠人 W 的质疑。捐赠人 W 提出：《中华人民共和国公益事业捐赠法》第十八条规定，受赠人与捐赠人订立了捐赠协议的，应当按照协议约定的用途使用捐赠财产，不得擅自改变捐赠财产的用途。如果确需改变用途的，应当征得捐赠人的同意，而不是仅仅征得发起人或受助人的同意。

此外，捐赠方 W 还找到民政部《关于规范基金会行为的若干规定（试行）》，其中规定"基金会通过募捐以及为自然灾害等突发事件接受的公益捐赠，应当在取得捐赠收入后定期在本组织网站和其他媒体上公布详细的收入和支出明细，包括：捐赠收入、直接用于受助人的款物、与所开展的公益项目相关的各项直接运行费用等，在捐赠收入中列支了工作人员工资福利和行政办公支出的，还应当公布列支的情况。项目运行周期大于三个月的，每三个月公示一次"。而基金会 H 并未按照要求进行公开，在年报中对这个专项基金也并未提及。

问题分析

该案例中，关键问题在于基金会 H 缺少尊重捐赠方知情同意权的意识，没有在筹款工作开始前、过程中和结束后及时进行信息公开反馈，也没有在更改善款用途的时候公开征求捐赠方的同意，造成了信息的不对称，使得捐赠方在觉察善款使用与原目标不符后，对基金会产生了严重的不信任感。虽然事后基金会 H 公开了全部相关的材料和报告，但这样做远远不如在筹款工作开始前、过程中和结束后及时跟进发布善款流向信息、公布更改善款用途的原因并征求捐赠人意见的效果显著。

建议的应对方式

只要涉及变更善款用途，筹款方须尊重捐赠方的知情同意权，征得捐赠方的同意。如面对的是大量小额捐赠人，难以一一获得其同意确认的，筹款方可以通过可触达这些在线捐赠人的慈善组织互联网公开募捐信息平台，或易触达这些线下捐赠人的媒体，以及筹款方自身渠道等公布善款用途变更信息，并设置合理的征求意见反馈时限。

为了加快推进慈善组织信息披露标准化建设，民政部门已经建立了全国统一的慈善信息发布平台。筹款方以及慈善组织要善于通过这种慈善信息网络公示制度，定期、分段地公布捐赠资金与物品的来源与流向，同时使社会公众能够快捷地进行信息查询和监督。及时披露善款流向与公开说明善款用途变更，有助于提高慈善的透明度与公众的参与度，及时发布信息的制度将会成为捐赠方和受益方便捷的沟通渠道。

基金会应当事先与捐赠方、受益方达成相关约定，如捐赠的善款如何使用，谁来管理，捐赠总额超出特定对象需求的部分的用途等。这些需要筹款方向受益方、捐赠方和公众等利益相关方公开与活动相关的准确信息，在筹款活动开始前就要达成约定。

二、筹款方必须以透明和准确的方式呈现公益慈善活动的业务活动成本以及筹款费用，不得在其传播与筹款材料中表达出公益慈善活动不需要成本的误导信息

（一）条款释义

基金会、社团、民办非企业单位在财务管理方面须共同遵守《民间非营利组织会计制度》，在这些组织开展公益慈善活动的过程中，为开展业务活动所发生的、导致组织净资产减少的各类型费用均为公益慈善活动的成本。

一般按照功能分为业务活动成本、管理费用、筹资费用和其他费用等，上述的四类费用共同构成了公益慈善活动的成本。这四类费用需要在审计报告和日常的项目公开中对外呈现和说明。需要特别强调的是，严格按照法律法规和会计制度管理的公益慈善活动，不可能存在零成本的情况，其各类成本应按照会计制度的要求分别计入对应的科目。

> **YES：** 本条意在强调筹款方或者发起筹款的慈善组织方，应该将公益慈善活动的业务活动成本中的各项费用以透明公开和准确真实的方式向公众呈现，体现公益慈善活动在管理过程中的规范性，让公众对公益慈善活动的费用与成本问题有科学正确的认识
>
> **NO：** 本条并非指筹款方需要夸大筹款成本的实施或筹款成本本身。一个完整的公益慈善活动包含一系列执行过程和管理行为，这个过程是一定会产生各类成本和费用的。但从外界来看，一些成本是显而易见的，一些成本则是难以直观看到的。但无论是易见还是不易见的成本，筹款方都应该向公众进行说明而非隐瞒

（二）实务指引

1. 公益慈善活动的四类成本具体的含义

（1）业务活动成本，是指民间非营利组织为了实现其业务活动目标、开展项目活动或者提供服务所发生的费用。如果民间非营利组织从事的项目、提供的服务或者开展的业务比较单一，可以将相关费用全部归集在"业务活动成本"项目下进行核算和列报；如果民间非营利组织从事的项目、提供的服务或者开展的业务种类较多，民间非营利组织应当在"业务活动成本"项目下分别就项目、服务或者业务大类进行核算和列报。

（2）管理费用，是指民间非营利组织为组织和管理其业务活动所发生的各项费用，包括民间非营利组织董事会（或者理事会，或者类似权力组织）经费和行政管理人员的工资、奖金、福利费、住房公积金、住房补贴、社会保障费、离退休人员工资及补助，以及办公费、水电费、邮电费、物业管理费、差旅费、折旧费、修理费、租赁费、无形资产摊销费、资产盘亏损失、资产减值损失、因预计负债所产生的损失、聘请中介组织费和应偿还的受赠资产等。其中，福利费应当依法根据民间非营利组织的管理权限，按照董事会、理事会或类似权力组织等的规定据实列支。

（3）筹资费用，是指民间非营利组织为筹集业务活动所需资金而发生的费用，它包括民间非营利组织为了获得捐赠资产而发生的费用，包括举办募款活动费，准备、印刷和发放募款宣传资料费及其他与募款或者争取捐赠资产有关的费用，以及应当计入当期费用的借款费用、汇兑损失（减汇兑收益）等。

（4）其他费用，是指民间非营利组织发生的、无法归属到上述业务活动成本、管理费用或者筹资费用中的费用，包括固定资产处置净损失、无形资产处置净损失等。

2. 公益慈善活动需要透明准确地呈现业务活动成本等各类费用

呈现形式包括呈现渠道、呈现方式和呈现内容。呈现渠道一般为公众可查询的渠道，例如组织官方网站、微信公众号、微博、博客及统一信息平台等。呈现方式一般为发布组织或项目的财务报告、审计报告、项目预决算表、项目过程数据等。呈现内容一般包含项目捐赠款物收支情况表、项目管理成本说明、项目捐赠支出表等。

3. 公益慈善活动零成本是个伪命题

所谓"不需要成本"的提法，实际上是提高公众期待值的一种说法，对公益生态环境是有负面效果的。作为专业从业者，筹款方必须清晰地意识到，公益项目一定需要成本。承诺没有运营费用的，要么是欺骗捐赠方，在账目上做手脚；要么拥有强有力的资助方，愿意承担公益项目的各类型成本。无论是否有其他渠道能够承担各类型成本，筹款方都不能忽视或否认公益慈善活动过程中产生的经济成本和社会成本，这是客观存在的事实，并且筹款方也需要对外界如实说明这一情况。

同时，筹款方也需要意识到，与其通过各种语言策略或传播手法来规避成本，不如光明正大地公示各类费用，公开接受社会监督，这才是组织建立长期社会公信力可持续性的途径。

（三）参考法律政策依据

1.《中华人民共和国慈善法》

第六十一条　慈善组织应当积极开展慈善活动，遵循管理费用、募捐成本等最必要原则，厉行节约，减少不必要的开支，充分、高效运用慈善财产。具有公开募捐资格的基金会开展慈善活动的年度支出，不得低于上一年总收入的百分之七十或者前三年收入平均数额的百分之七十；年度管理费用不得超过当年总支出的百分之十；特殊情况下，年度支出和管理费用难以符合前述规定的，应当报告办理其登记的民政部门并向社会公开说明情况。

慈善组织开展慈善活动的年度支出、管理费用和募捐成本的标准由国务院民政部门会同财政、税务等部门制定。

捐赠协议对单项捐赠财产的慈善活动支出和管理费用有约定的，按照其约定。

慈善信托的年度支出和管理费用标准，由国务院民政部门会同财政、税务和金融监督管理等部门制定。

2.《民间非营利组织会计制度》

第三条　会计核算应当以民间非营利组织的交易或者事项为对象，记录和反映该组织本身的各项业务活动。

第六十三条　民间非营利组织发生的业务活动成本、管理费用、筹资费用和其他费用，应当在发生时按其发生额计入当期费用。

（四）案例分析与解读

案例一　建立组织内部的公开透明机制，完善相应的公开内容

基金会 S 是一家新成立不久的关注教育公益事业的基金会，

主要开展捐资助学项目。在项目运作过程中，为了尽可能快地将所筹善款交给受助学生，基金会决定让捐赠方将捐赠款项直接打给对应的学生，无须进入基金会的账户，这一行为得到了一些捐赠方的赞许，捐赠方认为基金会没有截留任何资金作为基金会的运作成本，筹得的钱都给了学生，工作非常高效。

一段时间后，基金会 S 却遭遇了危机。首先，由于善款没有进入基金会账户，在基金会审计报告和财务报告中没有对应的收支记录，一些志愿者开始质疑这些资金到底流向何方，为何难以追寻；其次，在基金会 S 的账面中，没有了公益支出的记录，但基金会 S 所产生的各类成本依然记录在其中，这就使得基金会 S 的财务报告只有活动成本，没有公益支出。因收支不对等的问题，监督部门对基金会 S 进行了专项审计。基金会 S 经过检查和澄清之后，逐一说明了每笔善款是如何进入学生账户的，缓解了信任危机。

问题分析

这种问题出现的根源就是，基金会 S 的筹款思路没有遵循相关的管理制度，同时，对外公开的形式也不可取。公开透明和快速效率是筹款方以及慈善组织都要兼顾的事项。虽然严格进行财务管理和过程的公开透明呈现会产生更多的工作量，但为了组织自身和行业的长远发展，这些组织需要建立起以透明和准确的方式，呈现公益慈善活动的业务活动成本以及筹款费用的制度，而不能仅仅依赖热情或一味地追求工作效率而简化工作流程去开展公益慈善活动。

建议的应对方式

（1）筹款方须按照规定，核实和主动公布准确的业务活动的各项成本信息，并且在组织内部建立公开的制度和规范，以确保公开行为是长期可持续的。

（2）组织应当采用行业统一的成本以及筹款费用的名称进行对外表述，并在公众可查的渠道中公布各类费用以及成本情况。

（3）慈善组织在追求公益效率的过程中，须以遵守各项法律法规为底线，同时，以保证公平公正及公信力为前提，合理地优化内部工作流程。

案例二　明星公益传播误导公益零成本

某明星公益基金会创始人在其微博上声称，自己所创立的基金会是唯一一个没有管理费的慈善基金，基金会所开展的各类项目均无成本。但在微博消息发布不久，有人对此说法提出质疑。

该质疑在几经传播后，引来了大量媒体的关注。最终该基金会的创始人发微博解释说，基金会也有项目成本，只不过是由其个人承担。而此前，经过一些媒体记者的求证，一些声称开展"零成本慈善"的公益项目其实也是有成本的，只不过所有项目成本由其他方承担。

问题分析

热衷于宣传自己的公益项目或组织"零成本"（或"没有管理费"）的筹款方并不在少数，但筹款方需要清晰地意识到，关于管理费和成本，国家已经有了一套完整的法律规章制度和相应的财务管理规范，并建立了统一的行业准则。不需要成本的公益并非模式的创新，而是不值得提倡的行为，因为强调"零成本"将严重误导捐赠方对公益慈善的认知，加剧捐赠方对公益慈善组织不合理的期待，使得公益慈善筹款的生态进一步恶化。筹款方不应该去传播一个不值得提倡的模式，并且将这个错误模式标榜为创新。

建议的应对方式

筹款方在传播过程中，须理解，公益表面上的低成本极大地压抑了行业的行动力、竞争力和创造性。同时，低成本或无成本的方式也是在引诱公益慈善组织以其他的方式"抵消成本"。

而更具建设性的传播方式是筹款方严谨地表达出公益不可能零成本，也不可能低成本，公益需要正当和合理的成本。低成本会使人均"公益效能"明显下降，公益的产出力迟迟无法提升，表面上是省了钱，实际上是极大的浪费和对行业的压抑。

只有理性并且严谨的传播方式，才能构建起公益慈善组织与公众之间长久的信任关系，才能提升整个行业的公信力。

案例三　公共突发应急事件中，
公益慈善组织上线筹款项目未列支管理费与项目执行费

在公共突发应急事件中，由于事件的突发性和特殊性，很多公益慈善组织在互联网公开募捐平台上筹款的项目未明确列支管理费和运营成本费用，导致公众认为公益项目不应该收取管理费或者是公益项目没有执行成本。比如，根据静安区方德瑞信对互

联网公开募捐平台筹款数据进行的第二期统计分析发现：上线的
449 个项目文案中，191 个（43%）项目并未注明是否收取管理
费，216 个（48%）项目注明不收取项目管理费，42 个（9%）项
目明确列支收取管理费。① 同时，在《2021 年河南洪灾互联网筹
款数据跟踪与分析报告》中发现：筹款项目在预算中明确区分标
出管理费与项目执行费的项目有 123 个（占比达 32%），依旧存
在管理费与项目执行费的混淆。比如，机构预算中直接标明两个
费用一共为筹款总额的 10%，也存在个别机构直接把项目执行费
等同于管理费的情况。

问题分析

在公共突发应急事件中，鉴于公众对紧急事件或灾害的高度
关注以及对非直接用于受灾人本身的费用敏感性极强，公益机构
会为了规避舆论压力而不收取或不公开运作成本及管理费用。但
是不收取或者不公开运作成本及管理费用并不等于这笔费用不存
在或者没有真实发生，管理费及项目执行费用的存在是保证项目
能够有效地执行与机构可持续运作的关键。公益机构迫于压力不
收取管理费或不公开运营成本的做法，从长远来看并不利于机构
及整个公益行业的发展，反而会加剧公众认为公益项目不需要成
本的误解。

建议的应对方式

（1）公益慈善组织应该明确机构管理费和项目执行费用的

---

① 数据来源于"方德瑞信 CAFP"官方微信公众号。

概念。①《关于慈善组织开展慈善活动年度支出和管理费用的规定》（民发〔2016〕189号）第五条：慈善组织的管理费用是指慈善组织按照《民间非营利组织会计制度》规定，为保证本组织正常运转所发生的下列费用：（一）理事会等决策机构的工作经费；（二）行政管理人员的工资、奖金、住房公积金、住房补贴、社会保障费；（三）办公费、水电费、邮电费、物业管理费、差旅费、折旧费、修理费、租赁费、无形资产摊销费、资产盘亏损失、资产减值损失、因预计负债所产生的损失、聘请中介机构费等。关于管理费的标准参考《中华人民共和国慈善法》第六十一条规定："慈善组织应当积极开展慈善活动，遵循管理费用、募捐成本等最必要原则，厉行节约，减少不必要的开支，充分、高效运用慈善财产。具有公开募捐资格的基金会开展慈善活动的年度支出，不得低于上一年总收入的百分之七十或者前三年收入平均数额的百分之七十；年度管理费用不得超过当年总支出的百分之十；特殊情况下，年度支出和管理费用难以符合前述规定的，应当报告办理其登记的民政部门并向社会公开说明情况。"②项目执行费用是指为了保证项目的顺利执行，在项目执行期间产生的人力成本和必要的物资花费等，属于活动列支的部分。

（2）公益项目的开展必然会有相应的公益成本支出，其中就包括管理费和项目执行费用，公益慈善组织应该根据《中华人民共和国慈善法》和《民间非营利组织会计制度》的规定，明确相关的管理费和项目执行费用，并说清楚相关的合理依据、主动向社会公开，收取管理费是为了更好地把项目运作下去，让捐赠人的钱花得更有效。公益慈善组织应该基于行业长远发展的角度出发，不仅仅需要厘清公益成本的概念，还需要给公众传递做公益项目是有相应的公益成本的概念。

三、筹款方之间不得有不正当的竞争，不得给公益慈善行业及所服务的领域造成负面影响

（一）条款释义

筹款方在开展筹款活动过程中的不正当竞争行为，一般包括筹款方与其他同类参与慈善工作的各个主体间，采取违反公平、诚实信用等达成共识的道德原则，运用不道德的手段去争取筹款机会或者破坏他人的竞争优势，损害慈善组织和捐赠方合法权益、扰乱公益慈善行业正常秩序的行为，这些行为容易给慈善公益领域造成负面影响。

> **YES：** 本条意在强调筹款方不得开展违反公平、诚实信用等公认的道德原则去争取筹款机会或者破坏他人的竞争优势，损害慈善组织和捐赠方合法权益，扰乱公益慈善行业正常秩序的行为

> **NO：** 本条强调的筹款方不正当竞争，并非指筹款方在不违背公平诚实等原则以及不扰乱公益慈善行业正常秩序的前提下，所开展的具备一定创新性并产生竞争优势的筹款行为

（二）实务指引

筹款方不应在开展筹款活动中，为了追求筹款金额和结果，在与其他筹款方或公益慈善行业参与者进行业务竞争和合作中，

违反诚信公平等原则，违反法律规定，采取不正当的方式进行竞争，如毁谤、贿赂、获取秘密、虚假宣传等。

筹款方的不正当竞争是对正当竞争行为的违反和侵害，这里根据《中华人民共和国反不正当竞争法》的规定，结合筹款方在实际工作中的常见工作场景，将不正当竞争行为列举如下：

（1）冒用其他组织的注册商标，擅自使用知名（公益项目/组织）品牌特有的名称、包装、装潢，或者使用与知名（公益项目/组织）品牌近似的名称、包装、装潢，造成和其他组织品牌相混淆，使捐赠方产生误解。

需要注意的是，国内公益慈善组织的品牌保护意识还不强，还未养成及时注册商标的习惯。抢先注册商标或冒用其他组织商标有违知识产权与公益道德，尤其是筹款方冒用其他组织的项目品牌开展筹款，或与其他组织进行合作开展项目，更是典型的不正当竞争行为。公益慈善组织应具体参照《中华人民共和国商标法》相关条款履行义务，及时保护自己的权益。

（2）在组织品牌或项目上伪造或者冒用认证标志、等级评估结果等标识，对公益项目的投入产出做错误或带有误导性的说明。

（3）利用组织在某一领域或某一区域的垄断或特许权限，限制捐赠方向其他组织进行捐赠，或排挤其他组织进行正常筹款行为。

（4）为达成筹款目标，采用财物或者其他手段进行贿赂或暗中收受贿赂，或进行利益输送。

（5）采用包括盗窃、利诱、胁迫或者其他不正当手段侵犯其他组织秘密（例如未公开的项目或报告），违反约定或者违反权利人的保密要求，披露、使用筹款方所掌握的组织秘密。

（6）捏造、散布虚伪事实，损害其他组织的信誉和项目声誉。

（7）作为投标者串通投标，抬高标价或者压低标价；投标者和招标者相互勾结，以排挤其他组织的公平竞争；在组织内部采购过程中，通过限制招标人和投标人身份实现定向招标。

（8）在筹款过程中利用行政手段逼捐或套捐等扰乱正常筹款规则的行为。

（三）参考法律政策依据

知识产权法律制度主要由著作权法、专利法、商标法、反不正当竞争法等若干法律行政法规或规章、司法解释、相关国际条约等共同构成。随着知识产权领域的制度创新、法律修订以及理论研究引人注目，知识产权保护的新问题、新案件不断出现，这极大地丰富了知识产权法学研究内容，知识产权法学获得了长足的发展和厚实的积淀。

1.《中华人民共和国反不正当竞争法》

第六条　经营者不得实施下列混淆行为，引人误认为是他人商品或者与他人存在特定联系：

（一）擅自使用与他人有一定影响的商品名称、包装、装潢等相同或者近似的标识；

（二）擅自使用他人有一定影响的企业名称（包括简称、字号等）、社会组织名称（包括简称等）、姓名（包括笔名、艺名、译名等）；

（三）擅自使用他人有一定影响的域名主体部分、网站名称、网页等；

（四）其他足以引人误认为是他人商品或者与他人存在特定联系的混淆行为。

第七条　经营者不得采用财物或者其他手段贿赂下列单位或者个人，以谋取交易机会或者竞争优势：

（一）交易相对方的工作人员；

（二）受交易相对方委托办理相关事务的单位或者个人；

（三）利用职权或者影响力影响交易的单位或者个人。

经营者在交易活动中，可以以明示方式向交易相对方支付折扣，或者向中间人支付佣金。经营者向交易相对方支付折扣、向中间人支付佣金的，应当如实入账。接受折扣、佣金的经营者也应当如实入账。

经营者的工作人员进行贿赂的，应当认定为经营者的行为；但是，经营者有证据证明该工作人员的行为与为经营者谋取交易机会或者竞争优势无关的除外。

第十一条　经营者不得编造、传播虚假信息或者误导性信息，损害竞争对手的商业信誉、商品声誉。

第十八条　经营者违反本法第六条规定实施混淆行为的，由监督检查部门责令停止违法行为，没收违法商品。违法经营额五万元以上的，可以并处违法经营额五倍以下的罚款；没有违法经营额或者违法经营额不足五万元的，可以并处二十五万元以下的罚款；情节严重的，吊销营业执照。

经营者登记的企业名称违反本法第六条规定的，应当及时办理名称变更登记；名称变更前，由原企业登记机关以统一社会信用代码代替其名称。

2.《中华人民共和国商标法》

第十条　下列标志不得作为商标使用：

（一）同中华人民共和国的国家名称、国旗、国徽、国歌、军旗、军徽、军歌、勋章等相同或者近似的，以及同中央国家机关的名称、标志、所在地特定地点的名称或者标志性建筑物的名称、图形相同的；

（二）同外国的国家名称、国旗、国徽、军旗等相同或者近似的，但经该国政府同意的除外；

（三）同政府间国际组织的名称、旗帜、徽记等相同或者近似的，但经该组织同意或者不易误导公众的除外；

（四）与表明实施控制、予以保证的官方标志、检验印记相同或者近似的，但经授权的除外；

（五）同"红十字""红新月"的名称、标志相同或者近似的；

（六）带有民族歧视性的；

（七）带有欺骗性，容易使公众对商品的质量等特点或者产地产生误认的；

（八）有害于社会主义道德风尚或者有其他不良影响的。

县级以上行政区划的地名或者公众知晓的外国地名，不得作为商标。但是，地名具有其他含义或者作为集体商标、证明商标组成部分的除外；已经注册的使用地名的商标继续有效。

3.《中华人民共和国劳动合同法》

第二十三条　用人单位与劳动者可以在劳动合同中约定保守用人单位的商业秘密和与知识产权相关的保密事项。

对负有保密义务的劳动者，用人单位可以在劳动合同或者保密协议中与劳动者约定竞业限制条款，并约定在解除或者终止劳动合同后，在竞业限制期限内按月给予劳动者经济补偿。劳动者违反竞业限制约定的，应当按照约定向用人单位支付违约金。

（四）案例分析与解读

案例一　离职工作人员虚假传播原工作单位项目问题，不正当竞争引发行业危机

H之前在基金会S供职，担任该基金会筹款业务主管，与多个合作伙伴建立了筹款合作关系，并且每年大约能为基金会S筹集2000万元左右的善款。

H于2017年辞职，离开基金会S而前往新成立的基金会L担任秘书长，在担任秘书长期间，为了提升基金会L的筹款工作绩效，H与此前建立合作关系的多个资方进行沟通，建议对方停止对基金会S的资助，转而资助基金会L。为了引导这些资方进行决策，H向这些资方渲染了一些基金会S的项目存在的问题，然而渲染的项目问题并非真实存在，属于H过度夸张的结果，一些问题经过传播之后，也引发了媒体的关注。最终这种不正当竞

争，对基金会 S 的社会声誉产生了影响，也让基金会 S 和基金会 L 所处的公益行业遭遇了信任危机。

问题分析

筹款方不得采取不正当的方式进行竞争，如毁谤、贿赂、获取秘密、虚假宣传等，这种不正当竞争手段破坏性较强，不一定能达成工作目标，但一定会给筹款方所在的组织和公益慈善行业带来负面影响。

建议的应对方式

（1）慈善组织在与员工，特别是筹款工作人员签订劳动合同时，须将与保护业务机密和知识产权相关的责任列入其中，并设置解约后的义务及时效性条款。同时，在日常工作中，筹款方应将筹款伦理作为工作指导的实践标准，严格自律。

（2）筹款方应当尝试采用筹款技术革新或提升项目专业性、项目影响力等多种手段来提升自己在筹款领域的竞争力，而非通过破坏性的不正当竞争手段。这些手段一旦涉及我国的《反不正当竞争法》，还要承担对应的法律责任。

案例二　"99 公益日"期间的"套捐"行为

2016 年 9 月，在备战"99 公益日"期间，S 作为组织 K 的负责人，动员组织理事的资源，寻找大量的志愿者，委托这些志愿者在"99 公益日"期间定时定点将固定数额的资金分批捐出。

Y 是组织 K 此次动员的志愿者。他领到了 866 元，并按"统一安排"，在"99公益日"的第三天将领到的钱分批"捐"到组织K的一个公益项目中。根据当时"1∶X"的配捐规则，这一笔866元的捐赠为该公益项目带来了超过500元的配捐。与他一起往该项目里打钱的捐款志愿者有十几人，该项目最终筹款3.1万余元，获得配捐1.4万余元。

问题分析

"套捐"的行为需要筹款方谨慎对待，随着这种行为愈演愈烈，已经演变成职业化操作，甚至出现专门的团队私下传授公益慈善组织在99公益平台上做套捐的操作方法，并从中拿取提成的行为。该行为已触碰了道德底线，不仅对本组织发展不利，同时还引起了全行业的不正当竞争。一些公益慈善组织以项目名义支取资金进行套捐，平账时则找各种发票来进行冲抵，导致会计科目与预算结构无法完全匹配。

建议的应对方式

（1）当前，在公众对公益慈善行业普遍缺乏了解，甚至存在诸多不信任的大环境下，"99公益日"本应是公益慈善组织一次绝佳的集体展示机会，但"套捐""刷单"等有违公益伦理与道德的行为，无疑将加深公众对于整个行业的负面观感，透支社会信任。

（2）筹款方在面向公众进行筹款时，应当在合理争取筹款资源和正当竞争之间寻求平衡点，不应当仅为了筹款效果而无限度突破规则。突破规则是系统性的风险，在还没有进化出自律规则的公益慈善行业，这种风险具有全局性的破坏力。

四、筹款方必须遵守知识产权的相关法律和规定，未经授权不得使用其他方的筹款信息

（一）条款释义

根据知识产权法律制度的相关规定，即知识产权法律制度主要由《著作权法》《专利法》《商标法》《反不正当竞争法》等若干法律行政法规或规章、司法解释、相关国际条约等共同构成。筹款方在没有得到授权的情况下，对于不同的主体方（如同行业的筹款组织、受益方以及专门的筹款项目）所有的商标、专利、著作等，不能随意使用或者挪为己用。

YES：本条意在强调筹款方要在法律授权下才能使用其他利益方的相关信息，非法律允许和未经许可的情况下，不得擅自使用他者的信息数据
NO：本条并非指已授权或者得到许可使用的筹款信息

（二）实务指引

公益慈善组织的组织标志、形象图像、筹款及项目信息等属于组织的无形财产，受到相关知识产权法律制度的保护，不同的组织单位之间，在没有经过授权或得到许可的情况下，不能使用。即使使用，也需要对来源进行注明。

在具体行动中，参考性做法如下：

1. 重视并保护组织自身的知识产权

（1）团队内部形成保护意识，建立健全相关制度；

（2）对于组织和项目品牌及相关标志，尽可能快地注册商

标，并对外说明。对于组织的筹款及项目信息，要注重保护并形成与注册品牌相配套的内容体系，方便社会识别；

（3）在进行组织名称设计时，其名称需要符合名称管理的相关规定。在进行项目品牌设计时，尽量避免使用"中国""中华"等，以免引起不必要的争议或被同行组织共用。

2. 注意避免侵犯他人知识产权的行为

（1）组织须严格禁止主动侵犯他人知识产权的行为：当其他组织已经形成品牌或注册成商标时，不得恶意抄袭；

（2）组织尽量避免无意侵犯他人知识产权的行为：在使用一个新的项目名称或相关品牌时，需要先通过相关行业扫描，确认不存在相似品牌；在品牌使用过程中，如果发现已经侵犯了对方的知识产权，应立即中止该行为，并与对方进行良好沟通，必要时进行公开道歉或采取其他补救措施；

（3）在使用图片等其他相关资料或系统时：需要获得正版授权或进行购买，引用或使用资料需要注明来源，转载需要做出说明并注明出处。

3. 对他人的侵犯行为采取有力的举措

当发现组织自身的知识产权被他人侵犯时，需要立即采取有力的举措，一般是先联系对方，进行充分的沟通协商，表明组织自身的态度和诉求。若协商无果，则可以征询法务意见，必要时采取相关的法律措施保护自身的合法权益。

4. 与他人合作项目时需要事先约定产权归属

在与他人合作时，需要事先约定相关成果的所有权、使用权、署名权等具体的事项，并在相关的协议中以条款形式体现。

5. 注意规避业内以资助名义盗用项目资料或创意的风险

在过往的案例中，曾出现大型基金会以资助或项目合作的名义，获取组织的项目创意或核心资料，并恶意抄袭。要应对这种情况，各组织应保持警惕，在申请资助前完成品牌商标注册并声明产权归属，并在签订资助/合作协议之后再提供必要的核心资料。

（三）参考法律政策依据

《中华人民共和国商标法》

第十三条　为相关公众所熟知的商标，持有人认为其权利受到侵害时，可以依照本法规定请求驰名商标保护。

就相同或者类似商品申请注册的商标是复制、摹仿或者翻译他人未在中国注册的驰名商标，容易导致混淆的，不予注册并禁止使用。

就不相同或者不相类似商品申请注册的商标是复制、摹仿或者翻译他人已经在中国注册的驰名商标，误导公众，致使该驰名商标注册人的利益可能受到损害的，不予注册并禁止使用。

（四）案例分析与解读

案例一　品牌项目抄袭引发的商标争议

组织J发起了一个面向公众的环保倡导项目，并在项目执行过程中注册了该项目品牌的商标。两年后，组织J发现在腾讯公益平台上有一个名称极其类似的项目在开展筹款，两个项目名称仅有一字之差，但项目内容存在着一定差异。组织J发现了该情况后，立刻与项目发起方组织 D 沟通。组织 D 认为项目内容并不一致，项目名称类似实际上存在着一定的巧合，该名称恰好也符合 D 想要表达的内容，且内容上并没有侵权，双方一度僵持不下。

问题分析

该局面的发生带有一定的偶然性，但发生这样的情况，对两家组织来说都不是好事。虽然两者项目不一致，但对于公众来说，仅有一字之差的项目名称的确容易混淆。组织 D 的失误在于在项目立项取名字时，没有进行行业扫描，以致未了解到该项目名称与已经在行业内有一定品牌度的项目名称如此相近。值得注意的是，虽然有一字之差，但仍构成了商标侵权行为，根据《中华人民共和国商标法》，组织 J 有权向法院提起诉讼。

建议的应对方式

在面对僵局时，组织 J 可以先与组织 D 进行积极的沟通，但应尽量避免过于强硬的态度，毕竟双方项目的实质并不一样，也可以考虑通过行业内其他组织与 D 协商沟通。对于组织 D 而言，为避免舆情发酵，应主动进行更名处理，并发表相关的致歉声明。

案例二　大型公募组织抄袭小公益慈善组织品牌项目

组织 B 是一家在项目一线扎根了五六年的草根组织，其通过多年的积累探索出了一套较好的乡村教育模式。T 是一家大型的公募基金会，基金会 T 主动找到了组织 B，希望给组织 B 提供资助，支持其模式的拓展。组织 B 非常高兴，认真地填写了申请书，并将项目的全套资料传给了基金会 T。但最终基金会 T 以战略调整为由没有对组织 B 进行资助。第二年，基金会 T 自主开展了一个乡村教育公益项目，其模式 80% 以上和组织 B 提交的项目资料类似。

问题分析

基金会 T 的这一行为事实上属于恶意抄袭，其借助资助的名义获取了组织 B 的项目资料，并且通过自身的资金优势在全国范围内进行推广，性质非常恶劣。

建议的应对方式

（1）组织 B 在和基金会 T 合作前，应该注册项目品牌，并明确该模式的品牌归属。

（2）组织 B 在和基金会 T 签订协议前，应避免提供项目的详细资料，而是在与基金会 T 签订相关合作备忘或获得相关具有法律效应的书面承诺后，再将项目详细资料递交给基金会 T。

（3）组织 B 发现基金会 T 的侵权行为且与对方沟通无果时，可以通过前期保留的相关证据咨询法务，借助于法律途径维护自身利益。

五、筹款方必须遵守数据保护的相关法律和规定，采取有效措施防止信息泄露、毁损、丢失。在发生或者可能发生信息泄露、毁损、丢失的情况时，必须立即采取补救措施

（一）条款释义

该条款强调三个层面的含义：

（1）组织需要有数据保护意识，制定相关制度，并且和筹款方事前约定。

（2）组织需要形成常规性保护以及建立一套机制，防止信息泄露、毁损、丢失。

（3）组织对于发生信息泄露等危机，需要形成相应的应对策略，采取及时的补救措施。

> **YES：** 本条意在强调保护好捐赠双方或者筹款项目中按照要求和规定不能公开的信息数据，并且在发生信息泄漏和损失的情况下，及时处理补救。本条除了强调在开展筹款活动时要保护捐赠方信息之外，也强调须保护受益方、志愿者、合作方等筹款活动会涉及的其他关联方信息，以及组织的核心信息或敏感数据
>
> **NO：** 本条并非指对于按照法律和规定要求必须向公众公示的数据信息

（二）实务指引

筹款方应对信息数据做好保护措施，防止信息数据未经许可而被泄露、扩散、更改、丢失或销毁。

1. 需要进行数据保护的信息一般有以下几种

（1）涉及捐赠双方和筹款项目的一些敏感信息和核心内容。

（2）按照相关法律和规定要求不得公开的信息数据，如涉及国家秘密等。

（3）敏感的个人信息，是指一旦泄露或者非法使用，容易导致自然人的人格尊严受到侵害或者人身、财产安全受到危害的个人信息，包括生物识别、宗教信仰、特定身份、医疗健康、金融账户、行踪轨迹等信息，以及不满14周岁未成年人的个人

信息。

公益慈善组织在未经捐赠方、慈善信托的委托人的同意时，不能公开其姓名、名称、住所、通讯方式等信息。同时，面对以十四岁以下青少年为受益人的公益项目，也应尽可能少地公开受益人的个人信息，尤其是会损伤受益人尊严的求助内容或个人照片等。

2. 容易发生泄露的情况和应对方式

（1）内部成员泄露：员工对组织存在异议时，员工缺乏数据保护意识、在对外进行分享时，员工离职后到一个同类组织工作时，创始人主动或无意识地泄露。

建议的应对方式：

① 组织建立数据管理和保密机制，在数据管理中设立门槛和数据库访问权限；

② 和组织所有接触到数据的成员（包括部分理事、顾问、志愿者等）签订保密协议，规定其权责；

③ 开展相关培训和文化建设，提高团队数据保护意识；

④ 约定数据所有权属于组织，而非创始人、负责人个人所有，因此创始人与负责人没有随意处置数据的权利；

⑤ 对于离职员工须规定完成数据交接，并提醒签订的保密协议和追责条款；

⑥ 如果发生或者疑似已发生个人信息泄露、篡改、丢失的，公益慈善组织应当立即采取补救措施，并通知履行个人信息保护职责的部门和个人。

（2）外部成员泄露：保险公司、数据公司、执行单位等，当合作过程之中存在着数据信息交换时，须防范数据泄露的风险。

建议的应对方式：

① 在合作前需要和合作方签订保密协议，约定信息的使用范畴、方式和时效，并且对于发生泄露的情况，须在协议条款中明确规定严格的追责与赔偿条款。

② 如外部成员发生或者疑似发生个人信息泄露、篡改、丢失的，公益慈善组织应要求其及时告知泄露或疑似泄露的信息种类、原因和可能造成的危害，并立即采取补救措施，并增强减少信息泄露危害的防护措施。

（三）参考法律政策依据

1.《中华人民共和国慈善法》

第八十二条　涉及国家秘密、商业秘密、个人隐私的信息以及捐赠人、慈善信托的委托人不同意公开的姓名、名称、住所、通讯方式等信息，不得公开。

2.《中华人民共和国个人信息保护法》

第五章　个人信息处理者的义务

第五十一条　个人信息处理者应当根据个人信息的处理目的、处理方式、个人信息的种类以及对个人权益的影响、可能存在的安全风险等，采取下列措施确保个人信息处理活动符合法律、行政法规的规定，并防止未经授权的访问以及个人信息泄露、篡改、丢失：

（一）制定内部管理制度和操作规程；

（二）对个人信息实行分类管理；

（三）采取相应的加密、去标识化等安全技术措施；

（四）合理确定个人信息处理的操作权限，并定期对从业人员进行安全教育和培训；

（五）制定并组织实施个人信息安全事件应急预案；

（六）法律、行政法规规定的其他措施。

（四）案例分析与解读

案例一　工作人员滥用受益人个人隐私信息

基金会 M 是开展躁郁症救助的基金会，经常获得对躁郁症患者的社会捐赠。基金会 M 的发起人之一 W，利用基金会数据库中存储的有关躁郁症患者的信息资料，与医药公司 F 私下协议交易，将相关药品定向对患者销售。有些患者发现所用的药物疗效不好，投诉举报该医药公司。经追查，基金会 M 也受到牵连。

问题分析

W 将基金会患者信息给医药公司的行为实际上损害了基金会 M 和患者的利益。其虽然是基金会 M 的发起人和负责人，但发起人并不拥有机构的"财产"，基金会 M 是非营利组织，其资产属于公共财产，发起人无权将患者信息外泄。基金会 M 没有做好对这些信息数据的保护工作，造成患者的身份、地址、病情、联系方式等信息的泄露，以致被一些以盈利为主要目的的组织或单位利用，给患者造成了困扰。

建议的应对方式

（1）W 和基金会 M 需要对未做好信息数据保护工作的行为

道歉，并且进行相关的整改行动。

（2）基金会 M 的理事会需要就该行为对 W 及秘书处追责，理事会有监督的责任和义务，尤其是发起人作为基金会主要负责人的情况下，理事会需要追究负责人和发起人的相关责任。

（3）基金会 M 应设立相应的数据保护平台机制，与相关人员签订保密协议，做好信息数据的保护工作，防止信息泄漏、损失的情况再次发生。

案例二　合作伙伴泄露捐赠人个人信息

基金会 B 发起了一场捐赠人的走访活动，在活动中基金会 B 为所有参与的捐赠人及志愿者都购买了意外险。在购买意外险的过程之中，基金会 B 将所有人员的基本信息提供给了保险公司 P。保险公司 P 将这部分数据外泄给了其他基金会和商业推广公司，使得捐赠人参加活动后接到了许多劝募和推销电话，不堪其扰。

问题分析

虽然基金会 B 不是有意泄露捐赠方及志愿者信息，但实际上由于和保险公司 P 的合作造成了信息泄露，并产生了负面效果，骚扰了捐赠方，也损害了基金会 B 的公信力。虽然基金会 B 在这一事件中是无辜的，但后果最终也由基金会 B 承担。

建议的应对方式

（1）基金会 B 在和保险公司 P 合作时，则须和对方提前沟通确认好相关数据信息保密的内容，并明确其追责机制。

（2）当发生这一情况时，基金会 B 须立即通知保险公司 P，终止对捐赠人等的骚扰行为，并且追究保险公司 P 的责任。

（3）保险公司 P 应当向捐赠人等进行道歉，并且采取一定的补偿措施。

（4）基金会 B 也须向相关方道歉，并且进一步建立起与外部合作方合作过程之中的数据保护机制。

第五节　对组织内部的责任

一、组织的筹款工作须符合组织的价值观和使命，同时，筹款方须与所服务组织的管理团队将实现公益慈善事业总目标作为努力方向；对于不符合组织的价值观和使命或可能损害组织的名誉和社会影响的捐赠，筹款方不得接受

（一）条款释义

本条旨在说明筹款方的根本目标和工作原则，其有两层含义：

（1）明确筹款目标在于回应组织的使命愿景，不仅在于筹款金额、方式等，而且要通过团队的共同努力来实现组织的使命。筹款方须以公益使命为第一目标而行动，筹款方须明确所开展的工作行为的非营利属性，这是筹款工作与市场营销本质上的区别；

（2）明确筹款行为须符合组织的公益价值观。筹款方所做的决策以及各个环节都不能与机构/组织的文化、道德观念发生冲

突，不能违背机构／组织本身的价值观。同时，筹款工作的开展
方式也须与组织的筹款能力相匹配，筹款方工作的绩效衡量和判
断依据，是对于组织实现自身使命愿景的价值和实质贡献，而不
仅是为组织获得筹款金额。

> **YES**：本条意在强调筹款方须先明确组织的愿景、使命和价值观，以其为最高目标和根本原则开展行动，并开展符合组织能力的筹款工作
>
> **NO**：本条并非指筹款方的筹款工作除了达成组织的使命愿景外，不允许叠加任何其他目标

（二）实务指引

该条操作的难度在于如何将组织的愿景、使命和价值观融入
筹款的具体决策和行动开展中。其中注意的要点包括：

1. 筹款方和组织的管理团队选择项目决策时需要思考以下内容

（1）该项目真正的受益对象是谁，他们将获得怎样的支持，
受益方和他们的受益方式是否有益于实现组织的使命和愿景，是
不是组织当前战略中重要且急迫的事情。

（2）在行动过程中，是否会损害受益方的尊严或其他权益。

（3）在行动过程中，是否干扰了市场的秩序、损害了其他人
的权益、违背了社会公德，或者危害了国家利益。

2. 筹款方和组织的管理团队在具体行动中要注意

（1）行动是否违背组织的使命愿景和倡导的价值观，从而给
相关方造成负面的影响或印象。例如，残障组织在残障权益倡导
或筹款过程中措辞或传播内容的不当导致伤害了残障者的尊严，
环保组织在倡导零废弃的会议中大量使用瓶装水、一次性产品等

行为；

（2）行动过程中是否有其他的违背社会公德或者失信等行为。例如，窃取了其他项目的资料来包装自己的筹款项目，或者碰到预算充足的资助方后，就将同一个项目以数倍于以往费用的标准进行筹款等。

（三）参考法律政策依据

《中华人民共和国慈善法》

第四条　慈善工作坚持中国共产党的领导。

开展慈善活动，应当遵循合法、自愿、诚信、非营利的原则，不得违背社会公德，不得危害国家安全、损害社会公共利益和他人合法权益。

（四）案例分析与解读

案例一　选择了与机构使命冲突的捐赠方

环保公益慈善组织 F 一直致力于倡导各类绿色环保行动，并加入了相关的环保平台。企业 A 是一家不可降解类一次性用品的厂商，同时也是环保组织 F 的捐赠人。企业 A 将自己生产的产品捐赠给组织 F。在组织 F 的绿色出行研讨活动中，大量使用瓶装水、企业 A 捐赠的一次性快餐盒以及其他一次性用品，并且会议现场的垃圾分类非常混乱，在会议结束后会场留下了大量的一次性用品垃圾。会后一些参加会议的成员对此颇有微词，感觉会议中讨论的内容和实际的行动不一致。

问题分析

首先，组织 F 在接受企业 A 的捐赠前，没有以组织自身的

"绿色环保"理念为目标进行考量，接受了违背组织公益理念的物资捐赠，并且还在自己组织的活动中进行大量使用，从而引起外界批评，认为组织 F 言行不一，损害了组织的公信力。

建议的应对方式

组织 F 秉承的价值观和使命都是倡导现代生活中的绿色环保行为，那么在工作的方方面面，包括筹款工作中应做到"言行一致"。在甄选捐赠方时，组织 F 要对捐赠方进行审核，对于不符合组织公益理念的捐赠必须拒绝。同时，在项目开展过程中，需要注重自身的行动是否做到绿色出行、绿色会议，才能够使得组织举行的活动和筹款行为更有说服力。所以，组织 F 应立即与企业 A 协商，终止捐赠协议。同时，组织 F 须向参与本次研讨活动的来宾公开致歉。

案例二　不注重捐赠资金使用效率引发捐赠方质疑

公益慈善组织 C 在完成一项为自己的品牌公益项目筹款的活动之后，邀请主要的捐赠方和组织单位出席为庆祝此次筹款活动成功举办的晚会。晚会在一家五星级酒店举办，排场较大，所花费的成本高。而公益慈善组织 C 并没有为这一晚会单独筹集活动赞助费用，也没有在筹款时说明所筹资金的一部分将用于该晚会的筹办。但此次晚会所有相关费用都是从这次筹款活动所筹集的资金中支出的。晚会过后，公益慈善组织 C 被人举报，认为其滥用募捐所得的资金。许多捐赠方不满意公益慈善组织 C 的做法，要求退回所捐物资与资金，引发舆论风波。随着舆情不断发酵，一系列评论文章开始将对该组织的质疑扩大到质疑整个公益慈善行业，严重冲击了社会捐赠的信心。

问题分析

公益慈善组织 C 从为公益项目募集的捐款中，支取了大量资金用于宣传与排场。这一行为首先违背了捐赠方意愿，属于滥用捐赠财产的行为；其次违背了公益慈善组织须高效运用慈善财产的原则，极大地破坏了该公益慈善组织自身的形象和公信力，甚至影响了整个公益慈善行业。

建议的应对方式

（1）公益慈善组织 C 须立即核查与清算晚会所花费的资金，这笔资金不得从公益项目所筹得的项目款中列支，而应从机构管理费用中列支。

（2）公益慈善组织 C 须向所涉及的利益方（捐赠者、受益方、志愿者等）说明具体情况并公开道歉。

（3）公益慈善组织 C 须对内部参与该晚会决策的主要人员追责，并建立严格的大额资金使用审核机制。

（4）公益慈善组织 C 将来如确有需要举办大型发布会或答谢晚宴等活动，应为该活动筹集专项赞助资金，并尽可能通过物资与场地捐赠等合作方式降低支出。

案例三 为了更好地达到筹款传播效果，给受益人贴上不恰当的标签

公益慈善组织 T 主要开展儿童服务类活动，其项目地点选

取在西部地区的中小学校。在服务期间，该组织的项目工作人员通过调研儿童需求，对其项目的服务范围进行了扩展，从只服务留守儿童和贫困儿童扩展到覆盖学校的所有儿童，以保护孩子们的尊严，避免服务对象被贴标签。这一项目策略上的调整，体现了组织 T 在开展儿童服务类活动时关注儿童心理与尊严的价值观。

但组织 T 的筹款文案，依然大篇幅地渲染所服务地区留守儿童的"悲惨"现状，并向外界宣称项目只服务于留守儿童，以"卖惨"的方式来获取更多的转发和捐赠。最终该项目的志愿者对组织 T 的筹款团队这一传播方式提出了质疑，并指出项目筹款的理念完全偏离了组织 T 在项目实施时注重的尊重儿童的公益理念。

问题分析

组织 T 在项目实施层面上进行全覆盖的儿童服务，以保护受益儿童的尊严，避免因"贴标签"的做法对儿童心理造成伤害，是其在儿童服务发展理念上的进步。但是，组织 T 依靠"卖惨"的方式进行筹款，违背了自身关注儿童心理与尊严的价值观，也违背了筹款方要尊重受益方、保护受益方尊严的伦理准则；另外，筹款文案声称只服务于留守儿童，也与实际项目的受益人范围不符，违反了筹款方必须使用准确、真实的信息传递给捐赠方的伦理准则。

建议的应对方式

（1）组织 T 应及时回应志愿者的质疑，并立即采取措施撤下不符合项目事实的筹款信息。

（2）组织 T 内部应立即召集筹款部门与项目部门开展内部反思与沟通会议，让筹款团队充分理解项目受益人变更背后的公益理念。

（3）组织 T 的筹款团队应改变筹款策略，抛弃违背组织价值观与公益理念的"卖惨"方式，改为通过提供真实而丰富的故事细节来呈现西部地区儿童所需要的帮助和组织 T 不贴标签的公益理念与服务方法，以吸引更多理性捐赠人。

二、当捐赠方进行非现金捐赠时，筹款方必须按照相关规定以公允价值合理入账而不是虚增其捐赠价值；如公允价值无法确定，则应另外登记造册

（一）条款释义

本条款主要包含两方面的含义：

（1）明确非现金捐赠的具体内容，在公益领域一般是有捐物资、专业技能和拍卖等。捐赠方应按照当下真实的市场价格报价，不能够虚增、谎报实物价格，应以公允价值合理入账。

（2）强调公允价值。公允价值计量的一般方法，通常包括市价法、类似项目法和估价技术法。所谓市价法是指将资产和负债的市场价格作为其公允价值的方法。类似项目法是在找不到所计量项目的市场价格的情况下的一种替代方法，即通过参考类似项目的市场价格来确定所计量项目的公允价值的一种方法。估价技术法是指当一项资产或负债不存在或只有很少的市场价格信息

时，采用一定的估价技术对所计量项目的公允价值做出估计的方法。一般认为，在确定所计量项目的公允价值时，要从这三种方法中选择一种，而这三种方法的采用有一定的程序。通常情况下，首选的方法是市价法，因为一个公开的市场价格通常是最令人接受的，从而也是最公允的；在找不到所计量项目的市场价格的情况下，往往采用类似项目法，通过按照一定的严格条件选取的类似项目的市场价格来决定所计量项目的公允价值；当所计量的项目不存在或只有很少的市场价格信息，从而无法运用市价法和类似项目法时，则考虑采用估价技术法对所计量项目的公允价值做出估计。

如果该捐赠的确无法衡量公允价值，则可以选择不进行入账，但向捐赠方发放捐赠证书等形式来表达感谢。

> **YES：**本条主要是针对实物捐赠处理滞销品、去库存等产品捐赠，没有采用公允的价值记账，而是采用原来的价格入账所增加的虚值为企业带来捐赠税前免税资格
>
> **NO：**本条并非指筹款方不能接受无法计算公允价值的合理物资捐赠

（二）实务指引

筹款方接受非现金捐赠，应当按照以下方法确定入账价值：

（1）捐赠方提供了发票、报关单等凭据的，应当以相关凭据作为确认入账价值的依据；捐赠方不能提供凭据的，应当以其他确认捐赠财产的证明，作为确认入账价值的依据。

（2）捐赠方提供的凭据或其他能够确认受赠资产价值的证明上标明的金额与受赠资产公允价值相差较大的，应当以其公允价

值作为入账价值。

（3）捐赠方捐赠固定资产、股权、无形资产、文物文化资产，应当以具有合法资质的第三方的评估作为确认入账价值的依据。无法评估或经评估无法确认价格的，不得计入捐赠收入，不得开具捐赠票据，应当另外造册登记。

（4）如果捐赠的是劳务、承诺和收藏品，可在报表附注中，披露捐赠服务的类型、性质、时间长短、使用捐赠服务的项目或活动等信息；披露捐赠承诺项目及特征、有无条件限制、收款时间及金额等信息；描述收藏品项目、收藏品对组织的重要性、收藏品的保护政策以及购买成本和出售收入等信息。

（三）参考法律政策依据

1.《中华人民共和国企业所得税法》

第六条　企业以货币形式和非货币形式从各种来源取得的收入，为收入总额。包括：

（一）销售货物收入；

（二）提供劳务收入；

（三）转让财产收入；

（四）股息、红利等权益性投资收益；

（五）利息收入；

（六）租金收入；

（七）特许权使用费收入；

（八）接受捐赠收入；

（九）其他收入。

2.《中华人民共和国企业所得税法实施条例》

第十三条　企业所得税法第六条所称企业以非货币形式取得的收入，应当按照公允价值确定收入额。

前款所称公允价值，是指按照市场价格确定的价值。

3.《民间非营利组织会计制度》

第十六条　对于民间非营利组织接受捐赠的现金资产，应当按照实际收到的金额入账。对于民间非营利组织接受捐赠的非现金资产，如接受捐赠的短期投资、存货、长期投资、固定资产和无形资产等，应当按照以下方法确定其入账价值：

（一）如果捐赠方提供了有关凭据（如发票、报关单、有关协议等）的，应当按照凭据上标明的金额作为入账价值。如果凭据上标明的金额与受赠资产公允价值相差较大，受赠资产应当以其公允价值作为其入账价值。（二）如果捐赠方没有提供有关凭据的，受赠资产应当以其公允价值作为入账价值。对于民间非营利组织接受的劳务捐赠，不予确认，但应当在会计报表附注中作相关披露。

（四）案例分析与解读

案例一　虚增捐赠物品的实际价值

某地发生地震，许多企业找到了公益慈善组织 A 进行相应的捐赠，其中有三家企业的捐赠令该组织感到头疼。

（1）企业 D 按照原价，捐赠价值 1500 万元的图书给灾区儿童，但其捐赠的图书大部分并不适合儿童阅读，而且捐赠的书都是十多年前的旧版读物。

（2）企业F是一家服装公司，要求将公司5年前款式的衣服按照当年原价进行捐赠。

（3）企业X是一家教育培训企业，通过公益慈善组织A向灾区的学校捐赠原价668元的学习卡共计1000张，并且要求公益慈善组织A按照668元/张计算捐赠价值。

问题分析

以上三种情况都是灾害发生后的捐赠。首先需要说明，愿意在灾害发生后伸出援助之手的企业是值得感谢的，但也要对其捐赠的物资提出质量要求，尤其是属于滞销品、打折产品、过季产品和不适用产品的捐赠，在捐赠价值的计算环节要尽可能真实反映该物品在当时市场环境下的公允价值。该案例中捐赠企业要求按照物资的最高定价计算，并要求以此开具捐赠发票，这存在虚增价值的问题。

建议的应对方式

在此案例中，组织A有两种应对方式。

（1）组织A可以根据自身机构开展救灾以及灾后重建服务的需求，确认企业物资是否必要，再决定是否接受捐赠。

（2）若决定接受捐赠，组织A应与捐赠方进行沟通，并按照当时实际的市场价格，即公允价值折算后入账，并开具捐赠票据。例如，捐赠的老旧图书价格应该在原价的基础上打折；捐赠的过季服装也应该按折扣价计算；捐赠的学习卡也应是实际销售的市场环境下的价格。

案例二　虚增捐赠价值如何开票

某科技软件公司 J 通过公益慈善组织 B 向西部山区学校捐赠英语学习软件，并配有一台搭载 Windows XP 系统的电脑，目前 Windows XP 系统已经少有人使用，该软件加上电脑的实际价格约5000 元。组织 B 认为对于缺少数字化资源的西部山区学校而言，这些电脑与软件还是有助于当地教育的。但是公司 J 向组织 B 捐赠的时候报价 5 万元一套，公司 J 捐赠了 100 套。组织 B 未经过任何评估，为公司 J 开具了 500 万元的捐赠票据。但实际上，公司 J 所捐赠的电脑及软件，在市面上已经很少有单位使用，在市场上也属于无法销售的产品，并不具备参与市场竞争的能力。

问题分析

公司 J 这一做法属于通过谎报虚增已经被市场淘汰的产品价格，为企业谋求捐赠税收优惠。公益慈善组织 B 没有按照公允价值原则对其捐赠物资开展评估即贸然开具了 500 万元的捐赠票据，违反了《民间非营利组织会计制度》的相关规定。

建议的应对方式

组织 B 要对该笔捐赠所涉及的物资进行公允价值评估。组织 B 需要联系具有合法资质的第三方评估团队，根据当时软件行业的市场价格做出正确的判断，计算该物资在当时的公允价值。

情况一，如果该软件还有市场价值，组织 B 应根据公允价值开具捐赠票据。

情况二，如该软件的公允价值无法认定，组织 B 不能开具捐赠票据，而应以发放荣誉证书等形式向捐赠方表达感谢。

案例三　慈善拍卖过程中的公允价值认定

基金会 K 组织了一场慈善拍卖会，其中有五幅名人的画作，虽然画作的作者是知名人士，但这些名人都不是专业画家，画画只是其业余兴趣而已，画作本身的价格无法用专业画家作品的市场价格进行参考，故无法恰当估计画作的实际价值。

但基金会 K 长期以来在捐赠人心目中信任程度颇高，捐赠人也并不在意画作的具体价值，大家在基金会 K 组织的慈善拍卖会上慷慨解囊。最终，这五幅画作拍卖所得共计 100 万元。

不过在会后，基金会 K 在开具捐赠票据时碰到了两难情况，他们不知道是将捐赠票据开给画作的作者，还是出钱的买受人。

问题分析

拍卖中的关键问题在于，界定被拍卖作品是否具有商品属性，有商品属性则意味着该拍卖品有着较为明确的市场估值方式。有没有明确的市场估值方式，将会直接影响具体的拍卖捐赠操作方式。

一般情况下，名人物品普遍具有商业价值，可进行专业评估。但是对于非名人画作或者其他物品，在现实中的价值认定具有较大的复杂性，包括一些体育类纪念品，以及目前价格波动极大的虚拟货币等。

在该案例中，实际上捐赠人并非根据画作的市场价值竞拍，而是基于对公益捐赠的热情和支持。这一案例的难点在于具体的捐赠人认定，以及捐赠流程确认等问题。

建议的应对方式

首先要对被拍卖物品的价值属性进行分类。

第一类，如果该拍卖物品有明确可以衡量的市场价值，例如有价值认定的收藏（字画、工艺品等），或者有明确货币价值的财产（例如房产、设备等），那么这一类物品被拿到拍卖现场时，实际上是该物品的原拥有者将其捐赠给了基金会，构成了捐赠关系的发生双方。此时拍卖环节中的竞拍者都是潜在的买受人，其目的是要购买具备市场价值的收藏品，故不是基金会拍卖活动中的捐赠人。对应到上文中的案例（当画作有市场价值时），具体操作过程可以参照以下方式：

（1）基金会 K 与画作的作者签订《捐赠协议》，约定意向捐赠画作拍卖所得；

（2）基金会 K 协助画作的作者委托拍卖机构进行拍卖；

（3）画作的作者向买受人开具税务票据；

（4）基金会 K 向画作的作者开具捐赠票据；

（5）成交后进行捐赠的画作买受人、慈善组织应将捐赠信息进行公示。

具体操作流程可以参考《公益拍卖规程》（标准编号 T/CAA 001-2017，是中国拍卖行业协会批准发布的团体标准，由北京拍卖行业协会发起立项），《公益拍卖规程》是 2018 年 1 月 1 日起实施的一项行业标准，本标准确定了公益拍卖（含慈善法中的慈善拍卖）的基本原则，规定了公益拍卖的主要程序与基本要求。

第二类，如果该拍品没有明确的可以衡量的市场价值，例如贫困地区孩子的涂鸦绘画（以及手工艺品等），或者是演艺人员赠予基金会的一些市场价值不明显的物品（例如签名书籍等纪念品），那么这一类物品被拿到拍卖现场时，实际上会因为现场参与竞拍的人出于对公益事业的支持，而获得远高于这些物品的拍卖价格（例如一幅贫困山区孩子的涂鸦绘画被拍到数万元），这些愿意为溢价买单的人贡献了公益捐赠的价值。因而，在这种场景下，拍卖环节中的买受人才是实际的公益捐赠人。对应到与上文相似的案例（当画作无市场价值时），具体操作过程可以参照以下方式：

（1）基金会 K 收集物品持有者的画作，并不约定拍卖所得，但表达对其的感谢；

（2）基金会 K 在现场组织拍卖活动（此时拍卖活动并不是严格意义上的拍卖，更接近于在非公开场合的一次现场非公开募捐活动）；

（3）基金会 K 向"拍卖环节"的最终买受人，开具捐赠票据，表达对其捐赠的感谢；

（4）在完成活动后，慈善组织应将捐赠信息进行公示。

三、当捐赠资金来源存疑时，筹款方应当采取恰当措施确保捐赠方的捐赠财产与捐赠行为的公益性，以确保捐赠方的行为和诉求是恰当的，必要时可要求其提供相应证明

（一）条款释义

在筹款方与捐赠方进行捐赠意愿的沟通时，筹款方应当对捐

赠资金的来源以及捐赠动机进行判断，通过可查询的组织官网、微信公众号、微博等相关渠道进行充分了解，以确保捐赠者的捐赠财产、行为和诉求是合法、合理和符合公益性原则的。在无法判断时，可以要求捐赠方提供相应的证明，以证明资金来源的合法性和捐赠财产行为的公益性。

> YES：本条意在强调筹款方需要对捐赠资金的来源进行审核，对存疑的资金要求捐赠方提供相应说明以证明其资金的合法性、合规性、公益性以及可使用性等
>
> NO：本条中"资金来源"并非包括全部捐赠，如匿名捐赠、平台捐赠以及公共场所摆放捐赠箱等无法究其捐赠来源或小额捐赠的情况，不适用于此条款中"要求捐赠方提供相应证明"的限制

（二）实务指引

筹款方首先须对捐赠资金的来源保持一定的敏感性和警惕性，特别是捐赠金额符合筹款方大额捐赠标准（参考各筹款方内部标准，英美通行标准为占机构年度捐赠收入总额 5% 的捐赠体量），并且资金来源于有潜在风险的商业（活动），或捐赠方缺乏独立判断能力等情况。面对捐赠资金来源存疑时，若捐赠方为企业或公司，筹款方须对捐赠方的业务领域、合法性、发展现状等进行调查。筹款方可自行调查或要求捐赠方出具财报、税务部门等政府组织的年检报告、行业报告等，需确保捐赠方的业务领域不违背社会伦理，不与现行法律法规相冲突，并且处于良性运转的状态。

若捐赠方为个人，捐赠资金属于其个人财产并且额度较大，捐赠金额也符合各筹款方内部大额捐赠方标准（参考各筹款方内

部标准）时，筹款方须对其财产的合法性，以及捐赠方对于捐赠资金是否具有处分权等方面进行核查，应当要求其出具财产来源证明、个人财产公证材料等，以确保捐赠资金的合法性和可使用性。同时也要避免后期由于捐赠方对于财产不具备完全的处置权所引起的纠纷和退款要求。

（三）参考法律政策依据

1.《中华人民共和国慈善法》

第三十六条　捐赠人捐赠的财产应当是其有权处分的合法财产。捐赠财产包括货币、实物、房屋、有价证券、股权、知识产权等有形和无形财产。

捐赠人捐赠的实物应当具有使用价值，符合安全、卫生、环保等标准。

捐赠人捐赠本企业产品的，应当依法承担产品质量责任和义务。

2.《中华人民共和国公益事业捐赠法》

第九条　自然人、法人或者其他组织可以选择符合其捐赠意愿的公益性社会团体和公益性非营利的事业单位进行捐赠。捐赠的财产应该是其有权处分的合法财产。

（四）案例分析与解读

案例一　传销公司使用非法所得进行捐赠

公司 A 自称是热衷慈善事业的文化传播公司，通过官方网站宣传其慈善事迹，如慰问孤寡老人、收购偏远地区濒临倒闭的企业等。同时，此公司向公众出售以"慈善公益"为主题的金融产品，声称此产品不仅可以赚钱，更能够帮扶贫困孤残人士。公司A欲向具有官方背景的基金会H进行大额资金捐赠，并强烈要求将其捐赠事迹通过基金会的官网发布。基金会H接受了这笔捐赠，也将其捐赠信息发布在了自己的官网上。但时隔半年，经公安机关调查，公司A为一家传销组织，其法人代表被逮捕，公司资产被认定为传销非法所得，基金会H须依法返还这笔捐赠用以赔偿该案受害者。

问题分析

近几年，一些诈骗团伙或传销组织，为了增强社会公众对其的信任程度，往往会采用向基金会捐赠，或成立专项基金的形式为自己进行"公益背书"。在案例中，A是一家出售以盈利为目的的具有"慈善属性"金融产品的文化传播公司，在"业务模式"的定位上就与慈善基金会的公益性质有冲突。对于此类捐赠，公益慈善组织须有意识避免参与其中，免得成为其利用"慈善"蒙蔽公众的帮凶，或为此类公司的"慈善合理化"背书。同时，公益慈善组织也应当保持警惕，注意避免有意无意为此类非法企业公开发布其参与公益慈善活动的相关信息。

建议的应对方式

（1）基金会H须对公司A的主营业务、业务模式、公司资质等信息进行核查，须要求公司A提供注册信息、财报、资产证明、过往慈善行为依据等。

（2）基金会H应向税务部门、公司A的合作单位等相关部门进行核实，若核实后没有任何问题，则可以接受捐赠；在尽职调查过程中，如果基金会 H 对公司 A 的经营业务及运营模式核实后依然存疑，则应当拒绝此捐赠。

案例二　捐赠方借助公益捐赠之名欺骗消费者为自身牟利的行为

企业 B 为一家互联网购物平台，希望以善因营销的方式，将出售产品的 5% 的收益捐赠给基金会 I，并以此签订捐赠合同。但是，企业 B 平台上展示的产品价格高于同一产品官网标价的 20%。如 X 手机，在其官网销售价为 6000 元，在企业 B 平台上的定价为 7200 元。并且企业 B 在其购物平台注明，此产品卖出后，溢价部分将全部捐赠给基金会 I。

问题分析

善因营销是指商业组织借用慈善组织品牌推销自身产品或者服务的过程，在此过程中慈善组织将根据其与商业合作伙伴之间的协议获得商业合作伙伴的捐赠。商业组织以善因营销方式所开展的广告或销售计划，表明销售其提供的产品或服务所产生的利润将会全部或部分造福慈善组织或促进慈善目的。本案例中，企业 B 提高产品价格，并称溢价部分将全部捐赠给基金会 I，这不属于善因营销，而是借用公益捐赠之名欺骗消费者为自身牟利的行为。

建议的应对方式

基金会 I 须对企业 B 提供的产品进行价格尽调，秉持着真实、客观、公正的原则，要求企业 B 不得以高出市场价格的定价来开展善因营销，并且双方须在签订协议前，就销售利润的多少用于公益慈善组织或者促进慈善目的达成一致。双方也应在协议中约定对外公布的捐赠数据须与真实情况保持一致，不能夸大。若与企业 B 难以达成共识，则基金会 I 应当明确拒绝接受合作。

案例三　捐赠方对所捐赠资产并不具有完全处分权

王老先生欲将其名下的 500 万元资产捐赠给基金会 K。王老先生育有 3 名子女，在捐赠过程中，基金会 K 的工作人员发现王老先生有阿尔茨海默病症状，而其捐赠资产这件事情并未跟子女进行沟通。

问题分析

捐赠人王老先生可能身患阿尔茨海默病，这将导致其对资产不具有完全处分能力。同时，也可能出现其资产已作为遗嘱遗留给子女的情况。如基金会 K 贸然接受该笔捐赠，可能会陷入与其子女的法律纠纷。

建议的应对方式

基金会 K 应该联系王老先生的家人（或代理律师），核验捐赠资产的处置权是否归王老先生所有。同时，基金会 K 应与王老先生的家人进行沟通，确定捐赠意愿。若基金会 K 准备接受此捐赠，可要求王老先生的代理律师/家属提供财产公证证明，并应邀请其家人协助王老先生完成捐赠行为。

案例四　遗嘱中的捐赠未进行充分沟通

张先生是一名成功的企业家。由于早年出身寒门，张先生深知教育对山区孩子的重要性，因此一直捐资支持基金会 G 发起的西部山区学校建设和师资培训项目。张先生生前立下遗嘱想要把自己名下 50 万元的资产捐赠给基金会 G，继续用于资助西部山区学校建设和师资培训，也与基金会 G 签署了遗产捐赠协议。但张先生去世后，其家人以不知情为由不同意兑现张先生的这笔遗产捐赠。

问题分析

遗嘱是指遗嘱人生前在法律允许的范围内，按照法律规定的方式对其遗产或其他事务所做的个人处分，并于遗嘱人死亡时发生效力的法律行为。在该案例中虽然张先生立下遗嘱捐赠，但基金会 G 在张先生生前未就此事与其进行充分沟通，未考虑遗嘱捐赠流程的复杂性及其家人的态度，让基金会 G 陷入纠纷。

建议的应对方式

基金会 G 应该联系张先生的家人（或代理律师），核验捐赠资金的处置权是否归张先生所有，可要求提供财产公证证明；另外，应该邀请公证处对其遗嘱捐赠进行公证并得到其家人的认可后再接受。可以参考遗嘱捐赠程序：

第一，核验遗嘱捐赠方的捐赠公证程序是否合法。遗嘱捐赠方在立遗嘱捐赠时，应该已经向户籍所在地的公证处提出申请，提交了相关公证材料，其内容包括：（1）立遗嘱人的身份证明。如居民身份证、户口簿等。（2）遗嘱中所处分财产的所有权证明。如房屋产权证书、银行存折等。（3）书写遗嘱的草稿。如果遗嘱人不会书写遗嘱，或书写有困难，可以在公证员面前口述，请公证员代书。基金会 G 应核对其相关公证材料是否真实。

第二，公证处受理当事人的申请后，要对立遗嘱人进行必要的调查，应查明的问题包括：（1）遗嘱人本人的基本情况，包括姓名、别名、性别、出生日期、住址等，以及遗嘱受益方的基本情况。（2）遗嘱人与受益方是什么关系。（3）遗嘱人的法定继承人中，是否有因无生活来源而依靠遗嘱人生活的。（4）遗嘱中所处分的财产是属于遗嘱人个人所有的，还是夫妻共有的，或是与其他人共有的。（5）遗嘱人所立遗嘱的内容是否出自遗嘱人的真实意愿，是否在受到威胁、强迫、欺诈等情况下违背自己心愿而对财产做出的处分决定。基金会 G 可以对公证处进行遗嘱公证的真实性进行核对，同时邀请其家人全程参与。

第三，基金会 G 协助其家人共同核证遗产捐赠有效后，让其家人在公证处证明尊重遗嘱捐赠方的捐赠意愿后方可接受捐赠。

四、筹款方可以获得基于自己的职务／服务的合法应得报酬／收入，不得基于筹款额的比例作为报酬（或收入），不得利用自身职务或服务机会获取未经许可或不合理的回报

（一）条款释义

该条款具有三层含义：

（1）强调筹款方工作需要获得相对应的合法回报。筹款方提供的是专业服务，其工作值得肯定，并在报酬／收入上有所体现。这里的筹款方包括组织内部的工作人员（如筹款官员、顾问、理

事会成员），外部人员（筹款服务组织等）的相应条款将在本章第六节"对合作伙伴的责任"模块中体现。

（2）说明筹款方及其所属岗位的收入构成需要遵循应得收入的原则，这里指的是收入的标准是在事前约定并达成一致的，而且不能是基于筹款额的比例以提成的形式发放。

（3）说明筹款方不得获取未经许可或不合理的利益，其包括接受相关方的贿赂、额外的好处等。这里的好处不仅包括经济利益，还指非经济上的各种便利，如声望、话语权等。

> YES：本条意在强调筹款方收入的合法构成，防止筹款方借助其职务/服务获得非正当的经济利益或其他利益，也不能够基于筹款比例的形式发放提成
>
> NO：本条并非指对于筹款方服务本身来说合理的劳动报酬

（二）实务指引

1. 对于组织内部筹款专员（员工、理事、顾问、志愿者等），在具体行动中分为两个层面：

（1）组织应该给筹款方提供的内容：

给筹款方的工资/劳务费，须明确说明岗位/工作职责；组织与筹款方签订相关合约，约定其工作的合法报酬的具体内容、金额等。其中，合法报酬/收入通常包括：基本工资、劳务费、各种补贴（出差、交通等）、绩效奖励。

首先，清晰界定筹款方的行为边界：说明筹款方拥有的权利是什么，能够调动的资源有哪些，哪些行为是不被组织允许的；

其次，给筹款方必要的资源支持：例如项目资料、传播内容、组织相关部门的配合、某些场合组织领导人的出席等；最后，建构良好、正直、廉洁的工作氛围，并且建立监督和举报制度。

（2）组织需要和筹款方明确禁止的"未经许可或不合理的回报"包括以下几种情况：

基于职务 / 服务收受相关方的现金、红包、有价证券、奢侈品或高档礼品、回扣、好处等；

以其他形态获得利益（如提供担保，免费娱乐、旅游、考察等财产性利益以及就学、荣誉、特殊待遇等非财产性利益）；

基于筹款额的比例所设置的筹款提成，这种在销售领域常用的方式并不适用于国内的公益筹款工作；

基于职务 / 服务主动追求的无形权力、话语权等。

2. **对于开展合作的外部筹款组织，在具体行动中也分为两个层面：**

（1）组织应该给开展合作的外部筹款组织提供的内容：

和筹款组织签订协议，明确说明双方权责，约定其工作的内容和对应报酬；

清晰界定筹款组织的行为边界，说明筹款组织能做的是什么，能够调动的资源和相对应的范畴在哪里，哪些行为是在合作过程之中不被允许的；

给筹款组织必要的配合，例如项目资料、组织相关部门的配合等；

传递良好、正直、廉洁的工作理念，并且建立监督和举报制度。

（2）组织需要和外部筹款组织明确禁止的"未经许可或不合理的回报"包括：

基于服务收受相关方的现金、红包、有价证券、奢侈品或高档礼品、回扣、好处等；

以其他形态获得利益（如提供担保，免费娱乐、旅游、考察等财产性利益以及就学、荣誉、特殊待遇等非财产性利益）；

基于服务主动追求的无形权力、话语权等。

（三）参考法律政策依据

《中华人民共和国刑法》

第一百六十三条　公司、企业或者其他单位的工作人员，利用职务上的便利，索取他人财物或者非法收受他人财物，为他人谋取利益，数额较大的，处三年以下有期徒刑或者拘役，并处罚金；数额巨大或者有其他严重情节的，处三年以上十年以下有期徒刑，并处罚金；数额特别巨大或者有其他特别严重情节的，处十年以上有期徒刑或者无期徒刑，并处罚金。

公司、企业或者其他单位的工作人员在经济往来中，利用职务上的便利，违反国家规定，收受各种名义的回扣、手续费，归个人所有的，依照前款的规定处罚。

国有公司、企业或者其他国有单位中从事公务的人员和国有公司、企业或者其他国有单位委派到非国有公司、企业以及其他单位从事公务的人员有前两款行为的，依照本法第三百八十五条、第三百八十六条的规定定罪处罚。

（四）案例分析与解读

案例一　筹款方的权力寻租问题

D 某是一家具有公募资格的组织 G 的筹款专员，有对接到企业及企业家的大额捐赠以及优质的慈善组织互联网公开募捐信息平台资源的机会。基于这个便利，D 某从许多想要在组织 G 平台上进行公开募捐或者设立专项基金的公益团队获得了包括现金在内的额外利益。

问题分析

D 某的这一行为是利用自身职务获取非正当利益，属于腐败或寻租行为。这样的行为不仅阻碍了草根公益慈善组织获取资源的渠道，更严重的是，此行为一旦暴露，将是公益领域内的丑闻，会对公益慈善组织和整个行业产生破坏性的风险，其负面影响高于在企业和政府领域内的腐败或寻租行为。

建议的应对方式

组织 G 应该严查组织内部出现的此类行为，一旦相关行为被核实，建议立即采取措施，包括对该员工予以停职并追究其法律责任，同时采取其他补救性措施降低 D 某的行为对组织 G 的负面影响。此外，组织 G 还应该加强内部建设，从制度规范、员工管理、监督举报等多个方面夯实组织自身的公信力，杜绝类似事件发生。

案例二　筹款方从筹集资金中提取资金的问题

F 等人创办基金会 S，他们通过在线对接募捐项目与资助人，借由网络互助，以期实现慈善行为的全透明，其工作人员的工资和办公场所租金均由一家企业赞助。网站运营期间基金会S做了所谓"可持续运营"探索的尝试，即基金会S的全职员工在帮助受益方获得捐助的同时，也能从捐助款项中获得包括差旅、食宿和个人绩效在内的成本性回报，这笔费用不超过受益方善款的10%，此举一经提出，就受到公众的强烈质疑。

问题分析

虽然公益慈善项目运作必然会产生成本，但基金会S将本应为其员工报销的合理的差旅、食宿的项目执行成本，与个人绩效混在一起与筹款额绑定，是内部管理不专业、不规范的表现。这一行为将本来合理的项目支出与员工绩效，变成了类似商业提成的概念，引起了社会公众的质疑，使得组织和公益慈善行业公信力遭到质疑。

建议的应对方式

基金会S须立即停止这一行为，通过合理合法的途径给员工发放工资和绩效，并制定差旅标准，为员工实报实销走访的差旅费用，而不是让员工直接从每一个个案的善款中提取。

五、筹款方应当在组织内部建立筹款伦理监督机制和筹款行为相关的利益申报与处理制度，并建立将筹款伦理纳入重大事项决策的机制

（一）条款释义

该条款是指筹款方在组织内部践行筹款伦理的过程中，不宜仅以员工培训或者工作会议的形式来实施筹款伦理。为了在内部形成长期、稳定的筹款管理制度，应当在组织管理制度层面建立筹款伦理的监督机制和筹款行为的相关利益申报机制，使得筹款方在开展筹款工作中，能够通过制度保障和制度支持的形式，来更好地履行筹款伦理的实践准则，将筹款伦理的实践行为变得更加常态化和可持续化。

同时，在组织内部进行筹款决策的过程中，慈善组织应当重视将筹款伦理作为关键原则，并在关键时刻，将筹款伦理作为决策的"红线"。

> YES：本条意在强调在公益慈善组织内部的实践工作中应当将筹款伦理纳入常态化的制度保障机制之中
>
> NO：本条并非指筹款方仅在筹款过程中关注筹款伦理，而忽视决策以及项目的专业实践等其他工作中对筹款伦理的关注

（二）实务指引

（1）关于利益申报机制，在实践过程中包括定期定时申报和个别事项申报，利益申报机制既是一种监督机制，也是一种对于筹款方的工作保护机制。通过公开的利益申报资料，组织中的管理层以及理事会成员可以对筹款成员是否存在利益冲突进行监督。利益申报机制是为了防止筹款成员在达成筹款决策时以权谋私所预设的一道屏障。

筹款成员的利益申报与其他相关监督制度须进行合并，在制度的设计过程中须避免重复制度或者冲突制度，以免影响申报执行的效果。总体来说，这是一种内部的监督补充制度。

（2）重大事项否决权，也称为"一票否决权"，起初专指风险投资人在创业企业的（有时会包括其附属公司）重大事项决策上拥有的否决权。

将这一概念引入公益筹款领域，主要是为了构建在筹款决策过程中对重大事项的界定以及对重大事情的处理机制。现行的大多数公益慈善组织在面对重大事项时，主要还是通过理事会成员对重大事项的经验来判断，而未形成专门针对重大事项的表决机制。

（三）参考法律政策依据

《中华人民共和国慈善法》

第十二条 慈善组织应当根据法律法规以及章程的规定，建立健全内部治理结构，明确决策、执行、监督等方面的职责权限，开展慈善活动。

第七十八条 慈善组织应当向社会公开组织章程和决策、执行、监督机构成员信息以及国务院民政部门要求公开的其他信息。上述信息有重大变更的，慈善组织应当及时向社会公开。

（四）案例分析与解读

案例 筹款活动的设计与公益慈善组织内部管理专业化的冲突

基金会 Y 的举办单位为一家企业家俱乐部，其理事会成员大多由俱乐部成员组成，基金会日常的事务由秘书处负责，筹款活动等事项由理事会决定。在举办某次公开的筹款活动时，某位理事会成员 W 提议为某边境地区超出基金会业务范围的某项目进行定向筹款。但几位理事会成员和秘书处并不同意此项提议，原因是此类定向筹款既不符合基金会当下的业务范围，同时项目的公益性也不足，并且由于该地区涉及境外宗教活动等，实际上存在很大的合规性风险，不符合筹款伦理中关于遵守法律规范的条款。经过几轮理事会讨论僵持不下，最终基金会 Y 选择以投票表决的形式进行决策。由于 W 在原俱乐部有较强的号召力，最终理事会投票结果显示，多数理事会成员同意开展此次定向筹款捐赠活动。

问题分析

作为基金会管理层，理事会发挥着非常重要的决策作用。但一些基金会的理事会缺少议事协商的专门制度，也缺少在筹款方面的议事规程。在上述案例中，开展此类型定向筹款活动将使得基金会面临着非常大的风险。这种存在直接违背筹款伦理准则及相关法律规范的决策行为，就不再适用普遍的投票表决议程，而应该适用重大事项决策管理制度。

建议的应对方式

（1）基金会 Y 的决策层应当建立合理的议事流程，并非所有的事情都适用普遍的投票表决议事。在涉及关乎组织底线与公信力的公益慈善伦理事项时，慈善组织应当有意识地建立重大事项清单，并建立相应的重大事项决策管理制度。

（2）对于涉及组织底线、价值观、超业务范围的活动应当设立一票否决制，即只要理事会成员中有一人明确反对，则应当拒绝开展此类筹款活动。

六、筹款方不得利用工作之便主动索取酬谢，如出现收到酬谢或礼品等情况，筹款方必须主动向所服务组织或相关方进行申报，符合组织内部规定并且获得必要的确认之后才能进行处置

（一）条款释义

此条款旨在强调公益慈善组织自身应当主动建立起相关的利益申报与处理制度，并说明在非主动索取而获得相关方的酬谢或礼品的情形下，筹款方应当采取恰当的处理方式。该处理方式属于组织内部自行规定的条款，可以结合实际情况设定不同类别礼品的处置标准等。

> YES：本条意在强调公益慈善组织内部的制度建设，通过制度建设和执行来规范筹款方的行为

> NO：本条并非指所有的礼品筹款方都不能接受，而是需要进行合理申报，依据组织的相关规定执行

（二）实务指引

该条款强调公益慈善组织的制度建设和基本程序，分为主动索取和被动获得酬谢或礼品两种情况，需分别对待。第一种为筹款方主动索取的情形，这会破坏项目和组织的公益性，对此类行为应零容忍；第二种情况为筹款方被动获得酬谢或礼品，这种情况应当具体问题具体分析，可以通过利益申报和处理制度来处置，由组织设立相关的制度处置相关物品。

利益申报和处理制度一般包括以下方面：

（1）若收到来自利益关联关系的酬谢或礼品，应主动上报或

回避。组织应该制定关联方的上报、披露和涉及利益关联关系的回避制度。

利益关联关系指的是：基金会理事、监事、秘书处、实际控制人、管理人员与其直接或间接控制或有利益关联组织之间的关系，以及可能导致组织利益转移的其他关系。通俗来讲，利益关联方包括公益资金链上游（捐赠方）、下游（受益方）和中间资金使用过程中涉及的各合作方或供应商。即使是上游给下游赠送礼品（如筹款方给受益方或供应商赠送礼品，或是捐赠方给筹款方赠送礼品），筹款方也应该进行申报，同时遵守组织关于这方面的相关规定。

回避制度包括：决策过程、执行过程、监督过程中利益关联方的回避。同时，整个过程，需要做到公允操作，而不因为关联关系影响到具体运作进程。

（2）酬谢或礼品等的处理程序，如下：

申报程序：明确所有的酬谢或礼品等都需要有申报程序，进行报备；

处理程序：明确哪些情况可以接受，哪些情况需要明确拒绝。需要考虑的因素包括以下两种：

① 酬谢或礼品的来源方：一般来说，如果来源方是资金链的上游组织（捐赠方或资助方）给予的纪念品等，不涉及利益输送的，在一定程度上可以接受。如果来源方是资金链的下游组织（供应商、受益方）等，则应当更为严谨地把控。

② 酬谢或礼品的含义及价值：在有些情况之下，酬谢或礼品

可能是受益方或其他相关方发自内心的谢意表达，其价值很低（例如受益儿童的画作或妇女的手工等），它有益于关系建构和受益者增能。组织可以规定接受的价值上限（例如价值在 100 元以内）。

（三）参考法律政策依据

《中华人民共和国慈善法》

第十四条　慈善组织的发起人、主要捐赠人以及管理人员，不得利用其关联关系损害慈善组织、受益人的利益和社会公共利益。

慈善组织的发起人、主要捐赠人以及管理人员与慈善组织发生交易行为的，不得参与慈善组织有关该交易行为的决策，有关交易情况应当向社会公开。

（四）案例分析与解读

案例　筹款志愿者存在索要回扣的行为

H 是基金会 M 大病救助公益项目的志愿者，主要帮助患儿家长整理线上筹款的相关资料，并且帮助家长进行筹款等工作。H 帮助了不少家长并取得了一定的成效后，部分家长开始给他发微信红包以示感谢，H 便开始暗示其他家长需要回报，并承诺将继续对给了红包的患儿家长给予细致且优先的服务。H 收取好处一段时间后，其他家长向基金会 M 反映了这一情况。基金会 M 要求 H 立即停止该行为，但 H 认为这是家长自愿给他的，并不是强迫的行为，基金会 M 没有权利干预。

问题分析

H 的这一行为属于利用自身给家长的服务机会获取额外不合

理的利益，并且具有主动索取报酬的性质。这一行为实际上违背了公益项目的公益性。一开始家长可能更多地出于对志愿者行为的感谢而给予红包答谢，但当 H 开始将红包作为提供高级别服务的条件时，家长给 H 红包事实上成为一种利益交换。在这种行为下，该大病救助项目最终可能会变成并不是最迫切、急需的贫困家庭受益，而是最善于"钻营"的家庭受益。最终，这种交换会损害公益项目的效果和组织公信力。

建议的应对方式

（1）基金会 M 应当立即制止 H 收受好处的行为，取消他的志愿者身份，并且通过公开声明等多种方式表明自身态度。

（2）基于志愿者 H 的行为，基金会 M 应该制定详细的志愿者行为规范，在志愿者上岗前开展相关培训，建构良好的志愿者文化，同时也将该规范同步告知受益方，以杜绝这一行为的再次发生。

第六节　对合作伙伴的责任

一、合作筹款方的应得收入，包括固定薪资和绩效等，都应当事先约定并达成书面协议，以确保其收入适当合理，且不得基于筹款额的比例作为发放标准

（一）条款释义

该条款具有两层含义：

（1）强调合作筹款方的应得收入。强调合作筹款方的收入应当事先约定并达成书面协议，保障其合理性。这里的合作筹款方包括个人（如顾问）或筹款服务组织。

（2）说明合作筹款方的收入不得基于筹款额的比例作为发放标准。该条款进一步强调合作筹款方的应得收入产生原则，应事前约定并达成一致，而不是按照比例进行提成。

为什么不适合按照筹款额的比例作为发放标准？

依照提成等方式可能会引导"唯金额论"，甚至是只看个人利益，最终造成筹款方的短视行为，为了获得筹款额而进行过度承诺或者其他不合适的行为，最终损害委托合作的公益慈善组织的权益。

在公众信任度低、公众对于"公益成本"认识不足的社会环境下，按照比例发放的做法会导致公益慈善组织遭受公众质疑，以致整个筹款行业的公信力受损。

YES：本条意在强调筹款方应得收入该如何产生。组织除了考察筹款目标达成情况之外，还可以包括为开展筹款目标而投入工作，如拜访客户的次数、整个团队的投入情况

NO：本条并非指筹款方不能有绩效收入，只不过强调绩效收入并不应以基于筹款额的比例提成的方式出现。筹款额可以是制定薪酬的一项指标，但并不是唯一的发放标准

（二）实务指引

确定合作筹款方的应得收入需要进行审慎的思考。一方面，合作筹款方需要有合理、应得的收入，他们的收入可以包括基本

工资和绩效收入，以激励合作筹款方更好地工作。另一方面，如果合作筹款方的收入完全与其筹款金额按比例提取或者按与此相类似的方式予以发放，则可能会使得合作筹款方不顾一切追求更高的筹款额，甚至可能会出现使用不恰当的方式，这一现象并不是公益慈善领域所鼓励的。在合作筹款方收入的分配和确认过程中，公益慈善组织尽量让合作筹款方保持公益的初心和专业的追求，而不是把筹款作为一种资源的争夺或者交换。

在具体的实操过程中，公益慈善组织需关注的层面包括：

（1）书面约定合作筹款方的应得收入构成。可以签订项目的专家协议或合作协议，约定合作筹款方的工作内容和相应的报酬。

（2）筹款方应得收入可以参考的绩效指标：直接捐赠人数、间接影响人数、粉丝数、话题热度、筹款总额、筹款笔数、筹款平均额、转化率、活跃度、留存率等。

（3）在约定以及达成书面协议的过程中，不得出现基于筹款额的比例作为发放标准的表述，在实操过程中，依照约定以及书面协议执行。

（三）案例分析与解读

案例　筹款方与捐赠方之间的抽成行为存在着利益输送

K某通过朋友关系联系上基金会F，表达了其愿意投入基金会的公益事业当中，能够帮助基金会进行企业筹款。双方在沟通过程中，K某明确提出需要对其工作予以肯定，按照其筹到公益捐赠的 2% 作为其筹款成本。K 某表示这是商业惯例，他非常认可基金会 F 的公益行动，已经是打了公益"折扣"的价格。

问题分析

捐款是一件双方自愿的公益行为而不是一种交换，筹款成本不应该包含对接社会关系或资源的按比例"抽成"行为。这会使得公益慈善行业和公益慈善组织自身遭受公信力质疑。基金会可以给 K 某合理的工作收入，但该收入并不是基于筹款额所进行的抽成，无论比例多低都不合适。

建议的应对方式

（1）基金会 F 不应同意 K 某的附加条件，而是可以和 K 某在合作前进行沟通，说明为什么不适合直接照搬商业激励的方式。同时，基金会 F 可以和 K 某进一步沟通开展合作的筹款目标以及基于行动目标确定绩效指标，确保双方达成一致。

（2）一般来说，筹款目标除了金额目标之外，还应包括希望拓展多元化的筹资渠道、组织筹款结构的改进、参与捐赠的人次、捐赠人黏性、捐赠人留存率等。这些指标都需要符合公益慈善组织的现状、发展目标以及筹款目标等。

（3）确定目标和具体考核的绩效指标之后，还需要规范 K 某的筹款行为，对 K 某的行为进行阶段性的考核，确保其不是把筹款作为一种商业上的赞助行为或者利益交换行为。

若 K 某和基金会无法达成共识，则建议基金会 F 考虑不与 K 某进行合作。

二、当筹款方与供应商、合作伙伴或其他第三方组织合作时，应当采取一切合理的方式确保外部合作方能遵守并按照与自己相同的筹款行为准则开展工作，且不得从中获取不合理的报酬

（一）条款释义

该条款主要用于规范外部合作方行为，要求筹款方在和外部合作方进行合作时，传递相同的筹款理念和行为准则，保障组织内涵和行动外延的一致性，进而降低公益项目上下游公信力被破坏的风险。

> YES：本条适用于与筹款方开展的筹款和公益项目上下游所有相关方，适用的情形仅是在开展合作的过程中

> NO：本条并非指合作结束后，或者与合作无关的情形。在合作之外，合作方的行为并不受本条约束，合作方可以自行规定自身的行动准则

（二）实务指引

该条规定了筹款方的供应商、合作伙伴或第三方组织需要有同样的行为准则，该准则可以通过筹款方主动与合作方沟通达成一致、双方签订合作备忘录等方式确立，进而规范相关方在合作过程中的筹款行为，并且适当对合作方的行动进行监督，防止出现合作方获得不合理报酬的情况。

其中，合作方包括：整个项目链条中的供应商、战略合作伙伴、资助对象、第三方组织等。由于这些合作方都会参与筹款工作，其行为会影响到项目及组织的公信力，因此筹款方可以就合作方在开展该项目合作过程中的所有行为进行规范（不包括与项

目无关的部分）。

（三）案例分析与解读

案例一　筹款供应商的选择不够公允，
损害了公益慈善组织的利益

基金会 A 委托组织 E 为其策划一场规模较大的公益徒步筹款活动，并全权委托组织 E 招募与遴选该筹款活动的执行合作方。在项目合作过程中，组织 E 在招募和遴选合作方时，并不是按照筹款活动社会效果和筹款效果最大化来挑选合作伙伴。组织 E 在两家同类型组织的选择中，放弃了筹款效果更好、品牌影响和市场占有率更大的 X 品牌，而是选择了与组织 E 存在过往合作关系的 Y 品牌。组织 E 对于这一选择没有做出任何合理性说明，而这一选择与基金会 A 的筹款行动准则及关联方管理政策相背离。

问题分析

组织 E 在不具备合理充分的理由的情况下，将自身的关联方放入基金会 A 的筹款活动中，破坏了该筹款活动筛选合作方的公平性，降低了筹款活动效果，最终损坏了基金会 A 的切身利益。组织 E 的行为违背了基金会 A 的内部准则与管理政策。基金会 A 的责任在于其疏于对外部合作伙伴的管理与监督，使得组织 E 有空间来从自身利益出发寻找合作方。

建议的应对方式

基金会 A 须在组织 E 策划的筹款活动中增加流程节点管理的步骤。具体包括：

（1）在和组织 E 确定合作时，应当明确双方的权责，将基金会 A 的筹款行动准则等加入本次筹款活动的过程之中。

（2）在关键性节点管理过程中，基金会 A 应当介入，而不是完全交托对方。同时，基金会 A 须对组织 E 进行监督，要求组织 E 在遴选伙伴等行动中依照基金会 A 的相关要求进行，而不是擅自决策。

（3）在组织 E 开展招募与遴选合作伙伴的过程中，针对对外公开的信息和合作方沟通，基金会 A 应当将其联系信息放在对外联络体系中，让所有的相关方能够直接联系到基金会 A。

案例二　公募基金会没有尽到培训与正向引导筹款志愿者的义务

在某一场互联网筹款活动中，一名网友在论坛中宣称"你捐钱我报销"，号召网友"每个人给特定项目捐 1000 元，然后能够获得报销，所捐赠资金原路返还"。这引起了其他网友的关注与质疑，有人提出这是欺诈行为，有人则选择了举报此事。

后经过公募基金会 H 调查，该网友是这个项目的一名筹款志愿者，其本意并不是要骗捐或者欺诈，而这名网友所说的捐赠报销，是动员网友给一家特定的公益机构捐款以获取在这次互联网筹款活动中的配捐资金，通过类似刷订单的做法，让大家把捐赠量刷上去，事后"统一建群报销"。这一高度疑似"套捐"的行为引发很大争议。

问题分析

"套捐"或"刷捐"是一种明显的"薅羊毛占便宜的行为"，

这种行为实际上损害了捐赠背后的志愿精神。在"套捐"或"刷单"过程中，破坏了捐赠人对于社会问题的关心，以一种组织化的刷单任务来将活动中的"配捐"资金提取出来，也是对互联网筹款活动规则的破坏。

公益慈善组织有义务对自己所调动的筹款志愿者进行培训与引导，尤其是公募基金会，这些基金会的筹款活动不仅仅是筹资，也是与公众的一种互动。其筹款行为的规范性与严谨的态度，都会潜移默化地影响人们对于公益慈善组织的评价和态度。目前大多数公益慈善组织在筹款的时候已经开始注意这一点，尊重捐赠人并强调服务捐赠人。但对于公益慈善组织所调用的志愿者，其管理还较为松散，公益慈善组织所要做的不仅是监督，还需要在激发志愿者的自主精神与遵循规则之间找到平衡点，让志愿者筹款的目标归位，不是为了业绩、资金量，而是为了让公共参与精神传递给更多人。

建议的应对方式

（1）虽然基金会 H 实质上并没有要求筹款志愿者这样做，但是基金会 H 作为一家公募基金会对筹款志愿者具有监督管理与支持的责任与义务，应当对其筹款志愿者进行培训；

（2）基金会 H 需立即叫停筹款志愿者的这种筹款行为，并给予其相应的解释和引导；

（3）基金会 H 应当借此机会建立和完善筹款志愿者管理制度，并将相应的制度在官网或者是便于志愿者知晓的渠道公开，并将制度落到实处。

三、当公益慈善组织委托第三方组织或者聘请专业筹款人员开展筹款工作时，应当为其提供合理的系统性支持，以便筹款工作的顺利开展

（一）条款释义

该条款是指当组织委托第三方组织或者聘请第三方人员开展筹款工作时，并不能将这种委托关系简单视为工作外包，因为筹款工作是组织整体面向公众的重要环节。虽然筹款工作本身得到了第三方的支持，但组织不能回避法律责任缺失产生的相关问题。组织在筹款服务委托过程中，关于筹款工作的法律责任主要是组织对委托责任的范围、程序、方式等做出法律方面的规定，确保筹款服务委托的合理化和规范化。为了达成这一目标，就需要组织对被委托的组织和筹款专员提供必要的支持，并确保整体的工作秩序在可控范围内。

> YES：本条意在强调筹款工作在进行外部委托工作时，要为被委托方提供合理的身份以及支持体系，确保整体委托工作有效合法开展

> NO：本条并非指筹款方在筹款委托工作开展之后，就可以完全对筹款工作放任不管

（二）实务指引

筹款工作委托是一种市场化手段，但筹款工作委托也容易因监督责任缺失而导致相关的问题。由于市场自身存在弊端，公益慈善组织即使是进行工作委托，也需要对合作伙伴进行监督。因此筹款工作委托虽然减轻了公益慈善组织亲自筹款的压力，但并

不意味着公益慈善组织能够从筹款服务工作中完全脱身，公益慈善组织还需要对整个筹款工作委托过程进行监督，并提供系统性的支持。如果公益慈善组织在委托之后出现过度监管或是缺失监督和支持，可能会引发下面两个问题：

（1）过度监管带来的成本失真。从理论上来说，公益慈善组织将筹款工作委托给专业合作伙伴，相对于雇用一个大型全职筹款团队而言，可以降低组织筹款成本支出。但在具体实践中，筹款工作委托会产生新的合作成本。如果被委托的组织在承接服务之后，公益慈善组织采取过度监管、没有给予被委托组织做事的专业空间，那么筹款服务组织则会将相应的各类汇报与服从监管要求产生的时间、人力等成本计入其服务费用，并停止提供其自主专业意见而只是被动服从。因此，若监管过度，公益慈善组织不但不能实现降低筹款成本的目的，反而需要支付更多第三方的服务费用。

（2）支持与监督缺位。支持缺位是指一些公益慈善组织将筹款工作委托看作简单的销售外包，认为签了合作协议之后，组织便可借此从筹款工作中脱离，除了坐等分钱什么都不用做，成为"甩手掌柜"，甚至将此看作逃避筹款责任的手段。监督缺位是指公益慈善组织认为将筹款服务委托给筹款方就不再有相应的筹款方式的监督责任，从而导致筹款方滥用或者是采用不合理甚至违法的方式进行筹款，被委托的筹款方为公益慈善组织筹款是"一荣俱荣一损俱损"的关系，应当对其筹款方式进行合法、合规和合理监督。因此，在筹款工作委托中，若公益慈善组织没有履行监督责任和提供支持的义务，则会导致整个组织筹款能力无法提升，同时也会给被委托的筹款组织或个人带来非常大的挑战。

（三）参考法律政策依据

《中华人民共和国民法典》

第一百六十五条 委托代理授权采用书面形式的，授权委托书应当载明代理人的姓名或者名称、代理事项、权限和期限，并由被代理人签名或者盖章。

第一百六十七条 代理人知道或者应当知道代理事项违法仍然实施代理行为，或者被代理人知道或者应当知道代理人的代理行为违法未作反对表示的，被代理人和代理人应当承担连带责任。

第一百六十八条 代理人不得以被代理人的名义与自己实施民事法律行为，但是被代理人同意或者追认的除外。

代理人不得以被代理人的名义与自己同时代理的其他人实施民事法律行为，但是被代理的双方同意或者追认的除外。

第一百七十一条 行为人没有代理权、超越代理权或者代理权终止后，仍然实施代理行为，未经被代理人追认的，对被代理人不发生效力。

相对人可以催告被代理人自收到通知之日起三十日内予以追认。被代理人未作表示的，视为拒绝追认。行为人实施的行为被追认前，善意相对人有撤销的权利。撤销应当以通知的方式作出。

行为人实施的行为未被追认的，善意相对人有权请求行为人履行债务或者就其受到的损害请求行为人赔偿。但是，赔偿的范围不得超过被代理人追认时相对人所能获得的利益。

相对人知道或者应当知道行为人无权代理的，相对人和行为人按照各自的过错承担责任。

第一百七十二条　行为人没有代理权、超越代理权或者代理权终止后，仍然实施代理行为，相对人有理由相信行为人有代理权的，代理行为有效。

（四）案例分析与解读

案例一　委托筹款机构后，
公益慈善组织忽视自身应当承担的相关责任

基金会 S 由某企业发起成立，由于成立初期工作人员数量不足，因此基金会 S 尝试将自己的筹款业务完全委托给公司 A 运营，并要求公司 A 在进行日常的工作托管运营的基础上，还要确保基金会的筹款总量每年有一定比例的提升。

合作关系达成后，基金会 S 在筹款方面的工作完全由公司 A 开展，基金会 S 既不参与，也不进行监督和支持。在委托合作开展一年之后，公司 A 由于以公益慈善的名义涉嫌非法集资而被调查，同时基金会 S 作为委托方也被卷入其中，对基金会品牌造成了恶劣影响。

问题分析

筹款工作可以委托外部合作伙伴进行，但筹款责任不能丢掉。公益慈善组织在筹款工作委托中法律责任的缺失会影响服务提供方的工作效率，同时，较低程度的支持和参与难以产生较高程度的信任关系，委托者与被委托者容易不信任。筹款工作委托可以减轻公益慈善组织的负担并提升短期效率，但若公益慈善组织没有从法律角度明确自身与被委托组织在服务中的角色，厘清双方的责任，则可能引起筹款服务效率低下的情况。另外，如果支持者的角色弱化，缺少参与被委托的筹款工作，也会导致被委托组织消极怠工，为公益慈善组织提供质量低下的筹款服务，甚至产生违规行为。

建议的应对方式

公益慈善组织在进行筹款工作委托之后，应该秉着"高参与、高信息、高信任"的理念，积极参与筹款工作，并且提供相应的支持体系，使得委托者和被委托者之间能够建立起信任关系，从而促进筹款工作顺利进行。

案例二　筹款人在机构中不是孤立工作的个体

M先生是基金会P聘用的第三方筹款专员，在此之前基金会P没有专门的筹款专员，主要是由秘书处协调项目部门和办公室等完成筹款工作。M先生与基金会P签署合作协议后，基金会其他人员便觉得筹款工作已经有专人负责，与自身工作关联程度不高。这种局面使得M先生在基金会P开展工作时，无人与其对接，成了"孤军奋战"，且一直被认为是"局外人"，主要表现为项目部门的人员没有及时根据筹款需要提供材料，其他部门也没有配合M先生的工作，M先生联系各合作方和捐赠人时也遭遇不少困难。最终，M先生没有完成相应的筹款任务。

问题分析

筹款方的工作并不是孤立的，须组织其他部门给予支持和协助。组织应给筹款专员相对应的资源支持才能使得其顺利开展行动，不能认为筹款仅仅是筹款专职岗位的工作。此外，M 先生作为基金会 P 聘请的第三方筹款专员，须了解基金会项目和外部资源体系，这样才能更好地开展工作。

建议的应对方式

基金会 P 须指定对接人帮助 M 先生尽快熟悉团队并且给予其资源支持，具体可以包括：

（1）让 M 先生和项目部门等深度接触和沟通，更好地了解组织的项目；

（2）由对接人做好 M 先生和其他部门的沟通和协调工作，理顺工作机制；

（3）帮助 M 先生对接合作方和捐赠人等。

案例三　筹款人员面临的性骚扰问题

L 某是基金会 T 筹款部门的一名筹款人员，主要开展大额筹款以及捐赠人维护工作。出于工作的需要，她需要经常前往全国多个城市，与各个地方潜在的大额捐赠者约谈，向对方展示基金会 T 的业务活动内容，讲解具体的项目事项和筹资需求。

这是一项很辛苦的工作，但伴随着出差的疲劳之外，更困扰 L 某的情况是，约见一些大额捐赠人并不太容易，有时候不得不约在周末，约见场所也是她无法掌控的，一些约见甚至会被安排在潜在捐赠人的家中或者酒店。

以上问题给 L 某带来非常大的困扰。有时，一些约见对象在对话过程中有意无意地调侃她，言语中甚至带有性暗示的倾向。这些情况 L 某多次向自己的领导反映，但并未引起重视。

直到有一次约见中，一名潜在捐赠人提出如果想要获得这次捐赠，L 某需要答应一些私下"约定"。L 某终于无法忍受这种状态了，在返回基金会 T 后，L 某正式提出了辞职，并对筹款部门的领导无视问题和不作为的情况表达了极大的不满。

问题分析

无论是对男性还是女性的筹款工作人员而言，筹款过程必然会涉及与很多人进行会面与沟通，这其中存在着潜在的职场性骚扰风险，发生的频率也显著高于公益慈善组织中的其他岗位。

作为使命驱动型组织，公众对公益慈善组织伦理道德水准的期待也更高。无论是哪个层面出现了性骚扰指控，或机构文化中存在对性骚扰的容忍，都将导致公益慈善机构和它的捐赠方之间的信任关系破裂。性骚扰指控会很大程度上影响捐赠方对公益慈善机构的信任和捐赠行为，筹款部门的领导人或者整个公益慈善组织的领导人，都应正视这一问题，不能为了达成捐赠指标而忽视问题的存在。

建议的应对方式

为了守护使命、维护公众信任，公益慈善机构必须做好准备，以便随时能够采取恰当措施，一视同仁地回应和处理来自工作人员、理事、所服务社区、捐赠者关于性骚扰的指控和关切。

　　是否能够做到这样，与慈善机构的管理和组织文化建设密切相关。性骚扰可能发生在任何一个机构，而机构管理是影响机构文化和机构如何预防、应对相关指控的根本支撑，具体的操作方案包括相关的制度、行为指南与培训。

　　国内一些公益慈善组织已经开始着力建设机构相关制度。例如，在行业中可以参考的材料有北京三一公益基金会资助墨德瑞特实施的《公益机构防治性骚扰机制建设操作指南开发及培训》项目，并制定了《公益机构防治性骚扰机制建设操作指南》。

附　录

一、相关法律法规文件

筹款方在开展业务活动及筹款工作时，需了解公益慈善领域的相关法律、行政法规、部门规章、规范性文件以及党规文件五个部分的法律法规政策，以供各筹款方方便查阅学习。

（一）法律

（1）《中华人民共和国慈善法》（2023 年 12 月修改，2024 年 9 月 5 日施行）

（2）《中华人民共和国民法典》相关条款（2021 年 1 月 1 日施行）

（3）《中华人民共和国公益事业捐赠法》（1999 年 9 月 1 日

施行）

（4）《中华人民共和国境外非政府组织境内活动管理法》（2017 年 11 月 5 日施行）

（5）《中华人民共和国红十字会法》（2017 年 5 月 8 日施行）

（6）《中华人民共和国契税法》（2021 年 9 月 1 日施行）

（7）《中华人民共和国个人所得税法》（2019 年 9 月 1 日施行）

（8）《中华人民共和国企业所得税法》（2018 年 12 月 29 日施行）

（9）《中华人民共和国印花税法》（2022 年 7 月 1 日施行）

（二）行政法规

（1）《基金会管理条例》（2004 年 6 月 1 日施行）

（2）《社会团体登记管理条例》（2016 年 2 月 6 日修订）

（3）《民办非企业单位登记管理暂行条例》（1998 年 10 月 25 日施行）

（4）《外国企业常驻代表机构登记管理条例》（2018 年 9 月 18 日施行）

（5）《外国商会管理暂行规定》（2013 年 12 月 7 日施行）

（6）《中华人民共和国企业所得税法实施条例》（2019 年 4 月 23 日施行）

（7）《社会救助暂行办法》（2019 年 3 月 2 日施行）

（8）《志愿服务条例》（2017 年 12 月 1 日施行）

（三）部门规章

（1）《社会组织名称管理办法》（民政部令第 69 号）（2024 年 5 月 1 日施行）

（2）《基金会信息公布办法》（民政部令第 31 号）（2006 年 1 月 12 日施行）

（3）《基金会年度检查办法》（民政部令第 30 号）（2006 年 1 月 12 日施行）

（4）《民政部关于印发〈规范基金会行为的若干规定（试行）〉的通知》（民发〔2012〕124 号）（2012 年 7 月 10 日施行）

（5）《慈善组织公开募捐管理办法》（民政部令第 59 号）（2016 年 9 月 1 日施行）

（6）《慈善组织认定办法》（民政部令第 58 号）（2016 年 9 月 1 日施行）

（7）《民政部　财政部　国家税务总局关于印发〈关于慈善组织开展慈善活动年度支出和管理费用的规定〉的通知》（民发〔2016〕189 号）（2016 年 10 月 11 日施行）

（8）《慈善信托管理办法》（银监发〔2017〕37 号）（2017 年 7 月 7 日施行）

（9）《慈善组织信息公开办法》（民政部令第 61 号）（2018 年 9 月 1 日施行）

（10）《慈善组织保值增值投资活动管理暂行办法》（民政部令第 62 号）（2019 年 1 月 1 日施行）

（11）《志愿服务记录与证明出具办法（试行）》（民政部令第67号）（2021年2月1日施行）

（12）《国务院关于国家行政机关和企业事业单位社会团体印章管理的规定》（国发〔1999〕25号）（1999年10月31日施行）

（13）《社会团体分支机构、代表机构登记办法》（民政部令第23号）（2001年7月30日施行）

（14）《社会组织评估管理办法》（民政部令第39号）（2011年3月1日施行）

（15）《社会组织信用信息管理办法》（民政部令第60号）（2018年1月24日施行）

（16）《社会组织登记管理机关行政处罚程序规定》（民政部令第68号）（2021年10月15日施行）

（17）《民间非营利组织会计制度》（财会〔2004〕7号）（2005年1月1日施行）

（18）《〈民间非营利组织会计制度〉若干问题的解释》（财会〔2020〕9号）（2020年6月15日施行）

（19）《取缔非法民间组织暂行办法》（民政部令第21号）（2000年4月10日施行）

（20）《救灾捐赠管理办法》（民政部令第35号）（2008年4月28日施行）

（21）《财政部　海关总署　税务总局关于公布〈慈善捐赠物资免征进口税收暂行办法〉的公告》（财政部　海关总署　国家税务总局公告2015年第102号）（2016年4月1日施行）

（四）规范性文件

发展规范类

（1）《民政部办公厅关于印发〈培育发展社区社会组织专项行动方案（2021—2023 年）〉的通知》（民办发〔2020〕36 号）（2020 年 12 月 7 日施行）

（2）《民政部关于印发〈"十四五"社会组织发展规划〉的通知》（民发〔2021〕78 号）（2021 年 9 月 30 日施行）

（3）《国务院关于印发"十四五"国家老龄事业发展和养老服务体系规划的通知》（国发〔2021〕35 号）（国发〔2021〕35 号）（2021 年 12 月 30 日施行）

（4）《国务院办公厅关于印发"十四五"城乡社区服务体系建设规划的通知》（国办发〔2021〕56 号）（2021 年 12 月 27 日施行）

促进支持类

（1）《关于鼓励和规范宗教界从事公益慈善活动的意见》（国宗发〔2012〕6 号）（2012 年 2 月 16 日施行）

（2）《国务院关于促进慈善事业健康发展的指导意见》（国发〔2014〕61 号）（2014 年 11 月 24 日施行）

（3）《国家乡村振兴局 民政部关于印发〈社会组织助力乡村振兴专项行动方案〉的通知》（国乡振发〔2022〕5 号）（2022 年 5 月 7 日施行）

（4）《民政部国家乡村振兴局关于动员引导社会组织参与

乡村振兴工作的通知》（民发〔2022〕11号）（2022年2月15日施行）

（5）《民政部关于加强政府救助与慈善帮扶有效衔接的指导意见》（民发〔2023〕46号）（2023年9月4日施行）

（6）《民政部对"关于促进民营企业深入参与社会公益慈善事业的建议"的答复》（民函〔2022〕701号）（2022年11月8日发布）

（8）《民政部　国资委关于支持中央企业积极投身公益慈善事业的意见》（民发〔2015〕96号）（2015年5月19日施行）

（9）《民政部、国家互联网信息办公室、国家新闻出版广电总局关于积极发挥新闻媒体作用做好慈善事业宣传工作的通知》（民发〔2015〕139号）（2015年7月20日施行）

（10）《关于通过政府购买服务支持社会组织培育发展的指导意见》（财综〔2016〕54号）（2016年12月1日施行）

（11）《民政部关于大力培育发展社区社会组织的意见》（民发〔2017〕191号）（2017年12月27日施行）

登记管理类

（1）《社会团体管理暂行办法》（2016年2月6日修订）

（2）《民政部关于贯彻落实国务院取消全国性社会团体分支机构、代表机构登记行政审批项目的决定有关问题的通知》（民发〔2014〕38号）（2014年2月26日施行）

（3）《民政部关于慈善组织登记等有关问题的通知》（2016年8月29日施行）

（4）《民政部关于进一步加强和改进社会服务机构登记管理工作的实施意见》（民发〔2018〕129号）（2018年10月16日施行）

（5）《民政部　银监会关于做好慈善信托备案有关工作的通知》（民发〔2016〕151号）（2016年8月25日施行）

（6）《民政部　全国工商联关于加强乡镇、街道商会登记管理工作的通知》（民发〔2020〕76号）（2020年6月15日施行）

（7）《民政部办公厅关于地方工商联作为社会团体业务主管单位有关问题的补充通知》（民办函〔2011〕143号）（2011年5月5日施行）

（8）《民政部关于印发〈社会组织登记档案管理办法〉的通知》（民发〔2010〕101号）（2010年7月15日施行）

（9）《民政部办公厅关于印发〈社区社会组织章程示范文本（试行）〉的通知》（2021年8月24日施行）

（10）《民办非企业单位名称管理暂行规定》（民发〔1999〕129号）（1999年12月28日施行）

（11）《教育部等八部门关于规范"大学""学院"名称登记使用的意见》（教发〔2021〕5号）（2021年5月13日施行）

（12）《民政部等22部门关于铲除非法社会组织滋生土壤　净化社会组织生态空间的通知》（民发〔2021〕25号）（2021年3月20日施行）

（13）《境外非政府组织在中国境内活动领域和项目目录、业务主管单位名录（2019）》（2019年3月施行）

捐赠管理类

（1）《民政部关于基金会等社会组织不得提供公益捐赠回扣有关问题的通知》(民发〔2009〕54号)(2009年4月21日施行)

（2）《印发〈关于对慈善捐赠领域相关主体实施守信联合激励和失信联合惩戒的合作备忘录〉的通知》(发改财金〔2018〕331号)(2018年2月11日施行)

（3）《关于印发〈公益事业捐赠票据使用管理办法〉的通知》(财综〔2024〕1号)(2024年1月13日施行)

（4）《民政部办公厅关于指导督促慈善组织做好捐赠物资计价和捐赠票据开具等工作的通知》(民办便函〔2020〕537号)(2020年7月20日施行)

（5）《关于非营利组织免税资格认定管理有关问题的通知》(财税〔2018〕13号)(2018年1月1日施行)

（6）《财政部　税务总局　民政部关于公益性捐赠税前扣除有关事项的公告》(财政部公告2020年第27号)(2020年1月1日施行)

（7）《关于公益性捐赠税前扣除资格确认有关衔接事项的公告》(财政部　税务总局　民政部公告2021年第3号)(2020年1月1日施行)

（8）《公益慈善捐助信息公开指引》(2011年12月16日施行)

（9）《民政部关于完善救灾捐赠导向机制的通知》(民发〔2012〕208号)(2012年11月27日施行)

（10）《民政部关于鼓励实施慈善款物募用分离　充分发挥不同类型慈善组织积极作用的指导意见》（民发〔2015〕193号）（2015年10月15日施行）

（11）《财政部　国家税务总局关于公益股权捐赠企业所得税政策问题的通知》（财税〔2016〕45号）（2016年1月1日施行）

（12）《财政部　税务总局关于公益慈善事业捐赠个人所得税政策的公告》（财政部　税务总局公告2019年第99号）（2019年1月1日施行）

（13）《卫生计生单位接受公益事业捐赠管理办法（试行）》（国卫财务发〔2015〕77号）（2015年8月26日施行）

（14）《民政部　工业和信息化部　新闻出版广电总局　国家互联网信息办公室关于印发〈公开募捐平台服务管理办法〉的通知》（民发〔2016〕157号）（2016年9月1日施行）

（15）《民政部关于印发〈公开募捐违法案件管辖规定（试行）〉的通知》（民发〔2018〕142号）（2018年11月30日施行）

财务税务管理类

（1）《财政部关于加强企业对外捐赠财务管理的通知》（财企〔2003〕95号）（2003年5月1日施行）

（2）《民政部、财政部关于调整社会团体会费政策等有关问题的通知》（民发〔2003〕95号）（2003年8月1日施行）

（3）《关于进一步明确社会团体会费政策的通知》（民发〔2006〕123号）（2006年7月25日施行）

（4）《国务院办公厅关于进一步规范行业协会商会收费的通

知》（国办发〔2020〕21号）（2020年7月2日施行）

（5）《财政部　国家税务总局关于非营利组织企业所得税免税收入问题的通知》（财税〔2009〕122号）（2008年1月1日施行）

（6）《关于企业公益性捐赠股权有关财务问题的通知》（财企〔2009〕213号）（2009年10月20日施行）

（7）《财政部　民政部关于加强和完善基金会注册会计师审计制度的通知》（财会〔2011〕23号）（2012年1月1日施行）

（8）《财政部　民政部关于印发〈中央财政支持社会组织参与社会服务项目资金使用管理办法〉的通知》（财社〔2012〕138号）（2012年9月7日施行）

（9）《教育部　财政部　民政部关于加强中央部门所属高校教育基金会财务管理的若干意见》（教财〔2014〕3号）（2014年9月18日施行）

（10）《民政部　财政部　中国人民银行关于加强社会团体分支（代表）机构财务管理的通知》（民发〔2014〕259号）（2014年12月16日施行）

（11）《民政部　财政部关于规范全国性社会组织年度财务审计工作的通知》（民发〔2015〕47号）（2015年2月25日施行）

（12）《民政部关于进一步加强基金会专项基金管理工作的通知》（民发〔2015〕241号）（2015年12月24日施行）

（13）《财政部关于同意统一发放全国性社会团体会费统一票据的函》（财综〔2015〕98号）（2016年1月1日施行）

（14）《财政部办公厅关于进一步规范社会团体会费票据使用管理的通知》（财办综〔2016〕99 号）（2016 年 8 月 26 日施行）

（15）《中国人民银行 民政部关于规范全国性社会组织开立临时存款账户有关事项的通知》（银发〔2016〕99 号）（2016 年 3 月 29 日施行）

（16）《国家税务总局关于明确社会组织等纳税人使用统一社会信用代码及办理税务登记有关问题的通知》（税总函〔2016〕121 号）（2016 年 3 月 15 日施行）

（17）《国家税务总局关于建立税务机关、涉税专业服务社会组织及其行业协会和纳税人三方沟通机制的通知》（税总发〔2016〕101 号）（2016 年 6 月 28 日施行）

（18）《中国人民银行 民政部关于印发〈社会组织反洗钱和反恐怖融资管理办法〉的通知》（银发〔2017〕261 号）（2017 年 11 月 22 日施行）

（19）《民政部办公厅关于印发〈民政部主管社会组织内部审计工作暂行办法〉的通知》（2020 年 11 月 19 日施行）

劳动人事类

（1）《国务院办公厅关于部门领导同志不兼任社会团体领导职务问题的通知》（国办发〔1994〕59 号）（1994 年 4 月 13 日施行）

（2）《民政部关于对〈国务院办公厅关于部门领导同志不兼任社会团体领导职务问题的通知〉有关内容解释的通知》（民社函〔1994〕127 号）（1994 年 5 月 27 日施行）

（4）《中央办公厅、国务院办公厅关于党政机关领导干部不兼任社会团体领导职务的通知》（中办发〔1998〕17号）（1998年7月2日施行）

（5）《民政部关于对〈中共中央办公厅、国务院办公厅关于党政机关领导干部不兼任社会团体领导职务的通知〉有关问题的解释》（民社函〔1998〕224号）（1998年11月3日施行）

（6）《民政部关于现职国家工作人员不得兼任基金会负责人有关问题的通知》（民函〔2004〕270号）（2004年10月28日施行）

（8）《劳动和社会保障部、民政部关于社会组织专职工作人员参加养老保险有关问题的通知》（劳社部发〔2008〕11号）（2008年3月18日施行）

（9）《民政部关于加强社会组织专职工作人员劳动合同管理的通知》（民发〔2011〕155号）（2011年9月15日施行）

（10）《人力资源社会保障部、民政部关于鼓励社会团体、基金会和民办非企业单位建立企业年金有关问题的通知》（人社部发〔2013〕51号）（2013年7月15日施行）

（11）《民政部关于加强和改进社会组织薪酬管理的指导意见》（民发〔2016〕101号）（2016年6月14日施行）

活动管理类

（1）《民政部国家民间组织管理局关于加强社会组织培训工作的通知》（民管函〔2008〕41号）（2008年6月12日施行）

（2）《民政部办公厅关于加强指导和规范管理基层慈善活动

的通知》(民办函〔2009〕22号)(2009年2月6日施行)

（3）《全国清理和规范庆典研讨会论坛活动工作领导小组、民政部关于印发〈社会组织举办研讨会论坛活动管理办法〉的通知》(民发〔2012〕57号)(2012年3月23日施行)

（4）《民政部关于印发〈关于规范社会团体开展合作活动若干问题的规定〉的通知》(民发〔2012〕166号)(2012年9月27日施行)

（5）《民政部关于加强医疗救助与慈善事业衔接的指导意见》(民发〔2013〕132号)(2013年8月12日施行)

（6）《民政部办公厅关于加强慈善医疗救助活动监管的通知》(民办函〔2018〕148号)(2018年10月17日施行)

（7）《财政部、民政部关于支持和规范社会组织承接政府购买服务的通知》(财综〔2014〕87号)(2014年11月25日施行)

（8）《民政部关于推动在全国性和省级社会组织中建立新闻发言人制度的通知》(民发〔2016〕80号)(2016年5月24日施行)

（9）《民政部办公厅关于做好志愿服务组织身份标识工作的通知》(民办函〔2018〕50号)(2018年3月20日施行)

（10）《民政部关于印发〈民政部直管社会组织重大事项报告管理暂行办法〉的通知》(民发〔2018〕85号)(2018年7月13日施行)

（11）《全国评比达标表彰工作协调小组关于印发〈社会组织评比达标表彰活动管理办法〉的通知》(国评组发〔2022〕3号)

（2022 年 4 月 16 日施行）

（12）《民政部社会组织管理局关于规范全国性社会组织培训活动有关问题的通知》（2023 年 2 月 21 日施行）

监管评估类

（1）《民政部关于探索建立社会组织第三方评估机制的指导意见》（民发〔2015〕89 号）（2015 年 5 月 13 日施行）

（2）《民政部关于印发〈社会组织登记管理机关行政执法约谈工作规定（试行）〉的通知》（民发〔2016〕39 号）（2016 年 3 月 16 日施行）

（3）《民政部关于印发〈社会组织登记管理机关受理投诉举报办法（试行）〉的通知》（民发〔2016〕139 号）（2016 年 8 月 15 日施行）

（4）《民政部关于印发〈社会组织抽查暂行办法〉的通知》（民发〔2017〕45 号）（2017 年 3 月 13 日施行）

（5）《民政部关于印发〈全国性社会组织评估管理规定〉的通知》（民发〔2021〕96 号）（2022 年 1 月 1 日施行）

（6）《民政部关于开展全国性社会团体、国际性社会团体分支（代表）机构专项整治行动的通知》（民函〔2022〕19 号）（2022 年 4 月 5 日施行）

党建管理类

（1）《民政部关于社会组织成立登记时同步开展党建工作有关问题的通知》（民函〔2016〕257 号）（2016 年 9 月 18 日施行）

（2）《民政部关于在社会组织章程增加党的建设和社会主义

核心价值观有关内容的通知》(民函〔2018〕78号)(2018年4月28日施行)

(五)党规文件

(1)《中共中央　国务院印发〈党和国家机构改革方案〉》(2023年3月16日施行)

(2)《中共中央办公厅印发〈关于加强社会组织党的建设工作的意见(试行)〉》(2015年9月29日施行)

(3)《中央治理"小金库"工作领导小组办公室关于印发〈社会团体和国有企业"小金库"专项治理工作举报奖励办法〉的通知》(中治金办〔2010〕6号)(2010年8月20日施行)

(4)《中共中央组织部关于规范退(离)休领导干部在社会团体兼职问题的通知》(中组发〔2014〕11号)(2014年6月25日施行)

(5)《中共中央宣传部　中央文明办　民政部等关于支持和发展志愿服务组织的意见》(2016年7月施行)

(6)《中共中央办公厅　国务院办公厅关于改革社会组织管理制度促进社会组织健康有序发展的意见》(2016年8月21日施行)

(7)《中央编办　民政部关于加强事业单位和民办非企业单位登记管理工作中信息共享与业务协同的通知》(中央编办发〔2017〕13号)(2017年1月20日施行)

（8）《中共中央办公厅　国务院办公厅印发〈关于改革完善社会救助制度的意见〉》（2020年8月施行）

（9）《中共中央办公厅　国务院办公厅印发〈关于推进社会信用体系建设高质量发展促进形成新发展格局的意见〉》（2022年3月29日施行）

法条目录整理来源：中致社会发展促进中心和中国基金会发展论坛秘书处整理的《2023年慈善领域法律汇编》，有删减。

二、制度模板参考

在实际调研执行中，有许多公益行业同人反馈，对于筹款伦理研究中提到部分制度的建设，不知道该如何建立和完善组织自身的内部规范制度，是否行业内有可参考和借鉴的制度模板。因此，项目组通过联系行业内目前做得比较优秀的公益慈善组织与专家，在征得其知情同意下，在此公开提供部分制度模板，仅供业内同人参考学习。同时我们也非常欢迎更多的公益慈善组织自愿公开分享组织优秀的制度模板，为行业做贡献。

在此感谢北京致诚社会组织矛盾调处与研究中心执行主任何国科提供的关于"基金会利益冲突申报制度"（附件1、2、3）和北京歌路营慈善基金会关于项目走访中拍照和使用受益方照片的知情同意书模板（附件4）。

附件 1

基金会利益冲突申报制度

第一条　目的和依据

为了使基金会工作人员正确处理工作中发生的利益冲突、防止不正当利益的获取，预防舞弊的发生，根据相关法律法规及《基金会章程》制定本办法。

第二条　适用范围

本办法用于规范利益冲突的定义，利益冲突申报与处理的工作流程等。

第三条　适用对象

本办法适用于基金会理事、基金会及下属组织所有的工作人员，以下简称基金会人员。

第四条　利益冲突

本办法所称"利益冲突"，是指当基金会理事或工作人员履行基金会职务所代表的利益与其个人利益之间存在冲突的情形。

基金会利益冲突的情形包括且不限于以下方面：

（1）基金会人员或其关联人拥有与基金会有业务往来的组织的任何权益。

（2）基金会人员或其关联人与基金会存在关联交易。

① 向与基金会有业务往来的个人或组织提供贷款、为其担

保贷款、从其获得贷款或在其协助下获得贷款（但与金融组织的正常借贷除外）；

② 与基金会共同设立企业；

③ 与基金会形成任何形式的业务往来，或促成任何关联人与基金会形成任何形式的业务往来。包括但不限于购买或销售商品、其他资产，提供或接受劳务、代理、租赁资产或设备，提供资金（含实物形式），共同研究与开发项目，签署许可协议，赠与或达成任何非货币交易，促使基金会工作人员本人或关联人与基金会达成任何交易关系。

第五条　基金会人员的关联人

本办法所称"基金会人员的关联人"一般指基金会人员的近亲属：包括父母、配偶、兄弟姐妹、子女、配偶的父母、配偶的兄弟姐妹、子女的配偶、兄弟姐妹的配偶等。同时，基金会人员及其关联人的一致行动人（即与基金会工作人员存在合伙、合作或联营的自然人或法人）、特殊关系人（其他有共同利益关系的人）也是基金会工作人员的关联人。

第六条　组织审批

基金会理事会、理事长为利益冲突审批人，基金会秘书处负责基金会利益冲突管理部门。

第七条　基金会理事会

基金会理事会审核基金会和理事之间存在利益冲突的情形。

第八条　基金会理事长职责

基金会理事长审批除基金会理事以外人员的利益冲突情形。

第九条　基金会秘书处工作职责

基金会秘书处负责受理基金会人员的利益冲突申报程序办理、存档、归类、监督管理等工作。

第十条　利益冲突申报方法

对于任何实际存在或潜在的如第四条所列的各种利益冲突，基金会人员必须填妥《利益冲突申报单》，签字确认后向秘书处进行申报，秘书处根据人员的审批权限相应提交理事会、理事长。审批后，秘书处将《利益冲突申报单》存档，同时，将批示结果反馈申报人。

第十一条　督促落实

申报人收到反馈结果后，应于规定的时间内按审批意见对利益冲突进行处理，秘书处对申报人的落实情况进行跟踪督促，形成落实简报，报告基金会理事长。对于拒不按审批意见执行的申报人，基金会将根据章程采取相应措施。

第十二条　申报时间

对于其他任何实际存在或潜在的利益冲突，基金会人员在知道或应当知道该实际存在或潜在的利益冲突可能发生时，应于3天之内进行申报。

第十三条　利益冲突咨询

如果基金会人员在具体情形下不确定是否存在利益冲突，其本人有责任咨询基金会秘书处或法务部门，并向基金会秘书处介绍有关该未确定利益冲突的所有情况。

第十四条　不申报判定

　　未按要求进行申报的利益冲突，经调查核实，视同存在"制造、隐瞒利益冲突"的舞弊行为。

第十五条　附则

　　本办法由基金会理事会负责解释，本办法自颁布之日起生效实施。

附件 2

基金会利益冲突申报单

秘书处：

本人知悉，如本人或关联人拥有与基金会有业务往来及存在关联交易的任何组织的直接或间接利益，须向基金会申报。

本人现申报在履行基金会赋予的职务时存在 / 可能引起利益冲突的情况：

（1）本人或关联人在与基金会有业务往来的组织拥有利益，该组织为：

_____

（2）本人或关联人在与基金会存在关联交易的组织拥有利益，该组织为：

_____

（3）上述关联人姓名：_____，联系方式：_____

（4）关联关系说明：_____

申报人（签字）：

部门及职务：

申报日期：

附件 3

基金会利益冲突事项审批

　　针对（编号：20××××××）申报人申报的利益冲突事项，通过研究，现做出如下决定：

　　申报人应于 × 天内消除该利益冲突。（基金会能接受该利益冲突的影响，申报人无须做出任何改变。）

　　其他（如有，请说明）

　　　　　　　　　　　　　　　　　　　　　　审批人员：
　　　　　　　　　　　　　　　　　　　　　　　　日期：

附件 4

访问拍摄及照片使用与发表知情同意书

被访问拍摄人姓名：_____

被访问拍摄人身份证号：_____

项目名称：××××项目

拍摄时间：____年____月____日至____月____日

拍摄地点：_____

拍摄内容：学生在学校及家中学习与日常生活情景

我授权×××（机构名），经由各种方式和媒介，使用全部或者部分我的姓名、肖像、形象、传记、访问以及表演内容。×××会对从被拍摄人身上搜集到的信息进行专门的谨慎判断和使用。由于×××会根据其谨慎态度进行专有判断，×××根据项目需要，对拍摄内容有永久的权利、所有权，包括版权，在全世界进行使用或销毁而不受到限制。×××是一个公益慈善组织，本项目拍摄影片内容的传播不会作为任何商业用途。

×××可以使用被拍摄人（孩子/学生/教师/校领导/家长）的真实姓名□

×××不可以使用被拍摄人（孩子/学生/教师/校领导/家长）的真实姓名□

授权人（签字）：_____ 地址：_____

监护人（签字）：_____ 联系方式：_____

日期：　年　月　日

参考资料

本书的撰写主要参考了国内外目前关于公益慈善行业出台的相关法律、法规、制度规章、政策以及相关的筹款伦理研究的资料，列举如下：

1.《中华人民共和国慈善法》，2023 年 12 月。

2.《民间非营利组织会计制度》，2005 年 1 月。

3.《慈善组织公开募捐管理办法》，2016 年 8 月。

4. 综合了新旧两个版本的《国际筹款伦理准则》（"International Statement of Ethical Principles in Fundraising" 或译《关于筹款道德原则的国际声明》），2018 年 7 月（新），2016 年（旧）

5.《捐赠方权利法案》（"Donor Bill of Rights" 或译《捐赠者权利法案》《捐赠人权利法案》），2017 年 10 月

6.《中华人民共和国公益事业捐赠法》，1999 年 6 月

7.《公开募捐平台服务管理办法》，2016 年 8 月

8.《慈善组织互联网公开募捐信息平台基本技术规范》，2017年8月

9.《慈善组织互联网公开募捐信息平台基本管理规范》，2017年7月

10.《社会组织信用信息管理办法》，2018年1月

11.《关于慈善组织开展慈善活动年度支出和管理费用的规定》，2016年10月

12.《慈善组织认定办法》，2016年8月

13.《公益广告促进和管理暂行办法》，2016年1月

14.《基金会管理条例》，2004年3月

15. 阿德里安·萨金特、尚悦：《慈善筹款原理与实践》，孔德洁等译，桂林：广西师范大学出版社，2021

16. 卢咏：《公益筹款》，北京：社会科学文献出版社，2014

17. 诺顿、秀琴、立新：《全球筹款研究：NGO及社区组织资源动员指南》，北京：中国人民大学出版社，2005

18. 弗兰克·H.奥利弗：《美国高等教育筹款史》，刘昊等译，许东黎等校，广州：广东人民出版社，2016

19.《儿童个人信息网络保护规定》，2019年8月

20. 万俊人：《寻求普世伦理》，北京：北京大学出版社，2009

21. 金姆·克莱恩：《成功筹款宝典》，招晓杏等译，朱海鸣等译校，广州：广东人民出版社，2016

致　谢

"给岁月以文明，给时光以生命"，我们希望在中国的公益发展脉络中，能够记录下行动者和思考者在"筹款伦理"这个根本问题上的行动、反思和共同推进。

在团队开展这个话题的讨论研究和在本书的撰写过程中，几乎所有人都第一时间积极响应、贡献力量，让我们感受到和志同道合者共做一件有价值的事情是多么美好的感觉。在本书出版之际，由衷地感谢大家。

感谢资助方浙江敦和慈善基金会和南都公益基金会。对于行业基础设施的支持，他们始终如一，并给予行动者足够多的信任和空间。

本书的撰写和修订过程中，感谢专家学者、实践伙伴和试点机构的大力参与支持，感谢你们毫无保留地分享自己多年的研究成果和实践经验，使得本书能够针对当前行业的要点痛点进行回应，也更符合当下中国公益慈善筹款行业的实际情况，并凝聚起前行者共同的探索和反思。整个过程中，积极贡献力量的老师很多，详见致谢名单。

《慈善筹款伦理实践研究》（及其前身《中国公益慈善筹款伦理行为实操指引手册》）五年内动态更新并发布了三版（2018年、2019年、2022年），每一版发布前，编写团队都开展多轮研讨会、试点调研和案例议题征集，多种形式相结合汇总反馈相关信息，并对发布版本进行反复打磨。在最近一稿的修订中，王银春和贾西津老师细读全文并给出大量的修改建议，贾西津老师、何国科律师、王志云理事长等对于一些关键性议题和我们共同探讨并给了反馈意见。本书的出版并不意味着我们行动的终结，未来我们将继续跟进《慈善筹款伦理实践研究》的应用，进行内容更新，对筹款伦理有任何的反馈和意见，欢迎联系项目组，邮箱service@cafpnet.org。

五年来，编写团队的微信工作群实时汇总行业相关热点话题、案例素材和观点讨论，每次研究成果发布前都修改了数十个版本，至今群里面还回响着有中文专业背景的叶盈对我国语文教育水平的深刻"反思"。五年前，叶盈的娃才呱呱落地，五年来团队成员已经分别又添了三个娃，这次终于迎来了本书的复盘修订，深感其中之不易。感谢每一位伙伴的努力，我们相逢于莺飞草长之时，有过这样一段难忘的携手之旅，希望能不负同行者的期许。

本书编委会

寄　语

　　筹款人亦即劝募员，面对的是捐赠人、慈善组织、受益人，特别是捐赠人。要了解社会公众心理，要遵守相关的法律法规，更要践行相应的价值理念。捐赠是自愿和无偿的，其动因来自价值的驱使，具有更多的伦理层面的意义。《慈善筹款伦理实践研究》通过细致入微的观察分析，向人们展示了筹款人伦理和为什么要践行这些伦理，对于凝聚共识、推动筹款行业发展具有一定意义。中国慈善联合会作为全国性慈善行业组织，团结引领广大会员和社会慈善力量，一直致力于对包括劝募员标准在内的各种慈善行业标准的制定，进而推动整个慈善行业的发展。

——苏州大学红十字国际学院客座教授　刘忠祥

　　从《国际筹款伦理准则》的引入到《中国公益慈善筹款伦理行为准则》的拟订，再到《慈善筹款伦理实践研究》的出版，这是中国公益慈善事业走向成熟规范的标志性事件。在共同富裕和发展第三次分配事业的大背景下，为公益慈善从业者编写一本筹资伦理指南式读本，非常及时且必要！

——中国红十字基金会原副理事长、红十字国际学院
副院长　刘选国

公益筹款方的伦理操守，对行业资源的规模、质量和可持续性都具有重要影响，事关公众的信任和信心，是公益可持续发展的重要保障。《慈善筹款伦理实践研究》为公益筹款方的职业道德划定底线、提供行为指引，是公益慈善持续发展保驾护航的重要举措，是重要的慈善基础设施。南都公益基金会自成立以来，一直致力于行业发展，建设有助于民间公益慈善组织发育的基础设施，促进公益生态系统良性发展。期待该书能在行业引发广泛关注，切实发挥其功用，为行业的持续健康发展出一份力。

——南都公益基金会

公益筹款方是向公众传递慈善文化和公益理念的前线。《慈善筹款伦理实践研究》通过将公益慈善行业伦理与实操应用场景相结合，将内核层的观念意识转换为外显层的筹款方具体行为，是公益筹款领域基于自觉、自省、自律的实际行动，有助于提升社会各界对公益慈善行业的信任和信心。敦和基金会致力于以文化精神引领和促进公益慈善行业发展，希望该研究能够持之以恒

地在公益慈善行业和社会上做推广和应用，促成公益领域与社会
各界的良性互动。

——浙江敦和慈善基金会

　　在开展这一项目的过程中，我们发现许多筹款方对"伦理"
一词感到压力很大，不乏有人表示中国的公益慈善事业已经面
临着太多的道德绑架，没有必要自己再给自己加一层限制。这
恰恰是对筹款伦理的误解。探讨筹款伦理边界，本身就是去道
德绑架和去妖魔化的过程。筹款伦理是中国的公益筹款方获得
社会认同与职业尊严的基础，遵守筹款伦理是公益筹款方有别
于销售、市场营销与广告公关行业从业人员的核心专业能力之
一。何为筹款伦理底线，何为筹款伦理的最佳实践标准，是本书
想要给在实操中面临各种困惑与疑问的公益筹款方提供的行动
参考。

——上海静安区方德瑞信社会公益创新发展中心

　　任何一个职业都强调自身的职业精神与价值，筹款人也是。
正如律师追求公平正义，审计强调真实客观一样，对于筹款人
来说，我们不可摧毁的价值是什么？这是我们在做相关研究时一
直在思考追问的问题，或许现在没有一个终极的答案，但诚然筹
款量的多少并不足以承担起这份沉甸甸的期许。筹款伦理便是在
价值的基础上我们给自己的"底线"。我们在国际筹款伦理基础
上提出来的本土化伦理准则并不希望让大家产生被套上"紧箍

咒"的感受，而是让大家能够踩在坚实的底线上，去产生对于筹款人这一职业的荣誉感与价值感，并主动捍卫我们所坚守的这片土地。

——北京七悦社会公益服务中心